HISTOIRE

DE LA

SESSION DE 1820.

HISTOIRE

DE LA

SESSION DE 1820.

> Les doctrines, en rapport avec le Gouvernement, expriment la pensée constante d'un Etat ; les partis n'en expriment que les passions.
>
> *Examen des discussions relatives à la loi des élections, pendant la session de 1819, page 111.*

PAR J. FIÉVÉE.

A PARIS,

CHEZ LE NORMANT, LIBRAIRE,

RUE DE SEINE, Nº 8, PRÈS LE PONT DES ARTS.

1821.

AVERTISSEMENT.

J'avois pris l'engagement de faire paroître l'Histoire de la Session de 1820 deux mois après qu'elle seroit close. On s'apercevra qu'une partie de mon travail étoit terminée avant la retraite de MM. Villèle et Corbières. J'ai marqué le jour où cette nouvelle est arrivée jusqu'à moi, afin que les lecteurs pussent distinguer les réflexions faites par conjectures, des réflexions applicables à un événement accompli.

Dans la brochure intitulée *Ce que tout le monde pense et ce que personne ne dit*, j'avois prévu le résultat de cette session. Je ne suis pas fier de ma prévoyance; elle tient à des calculs si simples, que toute personne désintéressée a pu les faire aussi bien que moi.

Lorsque des médecins sont assemblés pour une consultation, tout ce qu'il est permis d'affirmer, c'est qu'il y a un malade ; ce seroit une erreur de considérer une consultation comme un signe infaillible de guérison ; ce seroit une folie de commencer par s'en réjouir.

Un changement dans la loi des élections annonçoit clairement que le ministère n'étoit pas content de la composition de la Chambre des Députés, mais ne donnoit aucune certitude que le ministère seroit content d'une Chambre autrement composée.

Bonne ou mauvaise, toute Chambre se trouve en face d'un ministère quelconque ; dès lors cette question se présente à l'esprit :

Le ministère et la majorité seront-ils d'accord ou en opposition ?

Si les députés ont, pour sauver la monarchie, des pensées dans un sens, et que le ministère ait des pensées dans un autre sens pour opérer notre salut radical, qui sauvera la monarchie, du ministère ou des députés ?

La monarchie étoit-elle en danger, ou seulement le ministère étoit-il en péril ?

Les hommes qui ont cru que la question étoit simple, et qu'il suffisoit d'appeler de bons députés pour qu'elle fût résolue, ressemblent beaucoup à ceux qui considèrent une consultation de médecins comme un moyen infaillible de guérison.

L'événement a prononcé. Cette session n'a pas répondu aux espérances qui l'avoient entourée ; c'est le tort des espérances.

Elle a fait un bien plus grand que celui qu'on en attendoit ; elle a montré la nullité des hommes et l'impuissance des partis. Il est probable qu'on cherchera désormais des forces où on est toujours sûr d'en trouver, dans l'accord des doctrines avec le gouvernement établi.

Il y a un signe infaillible de la fin

des révolutions ; c'est lorsque tous les partis commencent à paroître ridicules aux gens sensés. Nous approchons de cette époque.

Si quelquefois je n'ai pu voir que le côté burlesque des choses qui avoient été traitées avec un grand sérieux, ce n'est pas ma faute. J'ai écrit ce que j'ai vu.

Mon impartialité n'a pu aller cependant jusqu'à juger froidement les discours d'une éloquence noble, pleins de raison, et appuyés sur les doctrines du gouvernement établi. Mais, comme j'ai été pris à louer les hommes à cause de ce qu'ils avoient dit, je crois devoir rappeler que mes éloges ne s'adressent qu'aux discours, et que je ne dois pas être responsable si ceux qui les ont prononcés les démentent un jour. Je les attends quand ils seront ministres, ou seulement quand ils penseront à le devenir.

HISTOIRE

DE LA

SESSION DE 1820.

CHAPITRE PREMIER.

Coup d'œil général.

JE ne sais dans quelle pièce du Théâtre Italien Arlequin, en rentrant chez lui, appelle ses enfans et leur dit : « Tenez, mes petits amis, voici » des tambours, des trompettes : amusez-vous » bien, et surtout ne faites pas de bruit. » Cette sage recommandation est à peine terminée, qu'il est réduit à fuir en se bouchant les oreilles.

Pour faire aimer la tranquillité dont on jouit assez habituellement sous les gouvernemens légitimes, à des générations qui n'ont connu que les troubles de la révolution et les excès de l'usurpation, les ministres, qui ont dirigé nos affaires depuis 1815, n'ont rien trouvé de mieux que de réveiller tous les partis et toutes les prétentions, et de les mettre en présence, en leur disant : « Délibérez, et surtout ne faites » pas de scandale. » Il étoit cependant facile de prévoir qu'il y auroit beaucoup de scandale et peu de délibération dans une Chambre formée de députés nommés par trois lois d'élections combinées dans des vues différentes, et sous un ministère qui, changeant sans cesse de parti et de langage, pour ne pas changer de système, n'inspire pas plus de confiance à ceux qu'il flatte, qu'il ne se fie lui-même à ceux qu'il appelle à son secours. On pourroit affirmer que rien n'a été vrai dans cette session de ce qui a été dit en public. Les doctrines les plus contradictoires se sont combattues sans qu'il en soit résulté autre chose que des paroles ; il sembloit que des générations, séparées par des siècles, s'offensoient de se trouver ensemble, et s'aigrissoient mutuellement par l'impossibilité de s'entendre. On a vanté tour à tour la souveraineté du peuple et le pouvoir absolu, l'insurrection et l'obéissance passive, la liberté des cultes et les principes ultramontains, les progrès de la civilisation et les bienfaits de l'ignorance. Les injures n'ont point été épargnées : il y en a eu pour tout le monde, même pour le président et

pour les ministres; des éloges aussi. On a loué
et blâmé la fidélité; on a loué et blâmé les services rendus à la France quand elle étoit veuve
de son Roi; on a loué et blâmé le courage militaire. Ceux qui n'avoient ni fidélité, ni talens,
ni courage dont ils pussent se faire honneur
dans le passé, ont crié comme s'ils avoient une
place à défendre ou à obtenir; tant il est vrai
que, dans ce siècle de perversité, les intérêts
sont aussi passionnés que les sentimens.

S'il y avoit de la chaleur dans les esprits, il
y avoit bien aussi un peu de politique de circonstance dans les injures solennellement débitées à la tribune. Tel orateur ne se fâchoit que
pour obtenir un succès le soir dans les salons.
En ce moment, les femmes ont des préférences
marquées pour les orateurs dont les paroles
paroissent de feu. On disoit de J. J. Rousseau
qu'il brûloit le papier en écrivant; on a dit de
quelques acteurs qu'ils brûloient les planches
en jouant la comédie; la mode est maintenant
de brûler la tribune pour défendre des opinions:
mais on rit quand il s'agit de la défense des
intérêts publics. Il y a compensation. De son
côté, le ministère, ne pouvant aller aussi vite
que les royalistes l'auroient désiré, s'emportoit
contre les libéraux pour prouver qu'il n'avoit pas

l'intention de se réunir à eux, ainsi que les purs du côté droit l'en accusoient chaque fois qu'il faisoit preuve de bon sens et de modération ; et les libéraux, à leur tour, prenant la modération et le bon sens accidentels des ministres pour un commencement de conversion, les injurioient lorsqu'ils les voyoient revenir à des transactions avec les royalistes. C'est ainsi que les accusations et les injures se multiplioient ; elles servoient à la fois de moyens personnels de défense et de transitions.

Depuis six ans, le ministère s'est toujours placé dans l'étrange nécessité d'user ses forces à détourner les conséquences de la dernière mesure qu'il a prise. Après l'ordonnance du 5 septembre, toute son activité étoit employée à empêcher les libéraux d'arriver au pouvoir, et à les maintenir dans son alliance. Pour y parvenir, il leur sacrifioit les royalistes ; destitutions, calomnies, emprisonnemens, rien n'étoit épargné aux amis de la monarchie, parmi lesquels on confondoit de droit quiconque faisoit preuve d'humanité, de raison et de prévoyance. Pourquoi les libéraux ne se contentèrent-ils pas des injustices prodiguées pour leur plaire ? Les choses iroient encore comme elles alloient alors ; la monarchie auroit péri sans qu'il fût permis de déclarer qu'elle étoit en danger ; on n'auroit pas pensé à changer la loi des élections. Mais ils s'étoient emparés des colléges électoraux ; ils alloient avoir la majorité ; par la majorité, ils auroient renversé des ministres qui vouloient bien leur faire tous les sacrifices possibles, excepté celui de leurs places ; pour se sauver, le ministère proclama les dangers de la monarchie, et se retourna brusquement vers les royalistes. Aujourd'hui, comme après l'ordonnance du 5 septembre, la tactique ministérielle consiste à caresser les passions du parti mis en évidence, et à ne pas lui céder le pouvoir ; et comme rien ne flatte davantage les royalistes qui n'entendent pas raison, que les injures adressées aux libéraux, le ministère ne s'est pas refusé un moyen de séduction aussi facile.

Plus de choses d'ailleurs s'étant décidées, pendant cette session, par des négociations secrètes que par des discussions publiques, il en est résulté que le commérage a pris beaucoup plus d'ascendant dans la Chambre des Députés que l'éloquence. La coterie des purs et des incapables, conduite par les circonspects, s'étant fait redouter par ses insinuations sur chaque discours, chaque phrase, chaque expression, il a fallu souvent lui donner satisfaction par du scandale. Mais le jour même où d'inconcevables fureurs éclatoient à la tribune, à qui prenoit-il envie de courir les rues, les promenades, les spectacles, les salons pour savoir si la guerre étoit prête à éclater entre les partis? Il suffisoit de lire les journaux tranquillement assis chez soi, pour se rassurer. En voyant nos députés aussi disposés à rire pour des mots qu'à se fâcher pour des mots, on avoit la conviction qu'il n'y avoit dans tout cela que des paroles qui ne répondoient à rien hors de la Chambre. En France, la vieille société est si foible, et la société nouvelle si forte, qu'il est impossible de craindre sérieusement un combat entre elles; la corruption produite par les changemens successifs de systèmes politiques est si grande, qu'on peut affirmer qu'il y a plutôt excès de prudence que de chaleur dans les esprits. Qu'on cite aujourd'hui les hommes à qui il en coûte de changer de doctrines et de langage, selon les circonstances? Qui n'a pas défendu les libertés quand il étoit foible? Qui ne les a pas abandonnées quand il s'est cru triomphant? Qui n'est disposé à s'en faire de nouveau une arme s'il craint d'être battu? Tel orateur qui a débité avec talent, conviction, des discours imprimés, cités, et loués trois ans de suite dans toute la France, se contente de répondre publiquement à ceux qui les lui rappellent : « Je me trompois alors » ; réponse commode, pleine de franchise, et qui se traduit sans peine par ces mots : « J'ai changé » de situation. » On se dédit de même, pour ne pas en changer. Les puristes vouloient qu'on renvoyât tous ceux qui occupent des places éminentes, et qu'on les remplaçât par des royalistes ; selon eux, il n'y avoit que ce moyen de rétablir la monarchie ; on leur a répondu qu'il y avoit un moyen plus facile, c'étoit d'ordonner à tous ceux qui occupent des places d'être royalistes ; et ils le sont. Mais en adoptant le langage du jour, on voit les habiles frapper à la fois à toutes les portes, complaisans pour ce qui est, attentifs pour ce qui peut être, polis et reconnoissans pour ce qui a été ; aucune maison ne veut être en rupture complète avec les événemens réalisés, avec les événemens possibles ; et tandis qu'à la Chambre des Députés les partis paroissent prêts à se dévorer, la France, calme parce qu'elle sent que ses destinées sont fixées, la France riche d'argent, de crédit, d'industrie, de commerce, d'agriculture, malgré les écarts de l'administration, plaint ceux qui ne savent opposer que de l'humeur aux événemens accomplis, se moque des hypocrites, et se défie de ceux qui, plus pressés que le temps, risqueroient de lui faire perdre des avantages qu'elle a payés assez cher pour ne vouloir plus les mettre à la merci des passions.

Qu'on ne s'y trompe pas, dans notre situation politique, il y a plus de questions décidées par la force des choses que par les opinions et les raisonnemens; la société marche tandis que les pouvoirs et les partis cherchent comment ils s'organiseront pour la faire marcher. Depuis cinq ans, le gouvernement lui-même a souffert plusieurs fois qu'on proclamât qu'il étoit en péril; plusieurs fois on a changé de système électoral pour avoir une Chambre de Députés qui penchât dans un sens ou dans un autre; plusieurs fois le ministère a été composé, décomposé, recomposé dans l'espoir d'avoir un bon ministère; on a même augmenté considérablement la Chambre des Pairs, pour lui donner une autre direction que celle qu'on supposoit qu'elle avoit prise; tout cela a ému les esprits comme un spectacle livré à leurs réflexions; la surface de l'ordre social en a été légèrement agitée; le fond est resté immuable. Aussi personne ne pourroit-il dire aujourd'hui si la monarchie s'est crue réellement en péril et si elle ne s'y croit plus ; si la Chambre de 1820 vaut mieux que les précédentes ; si le ministère actuel est plus affermi que ceux auxquels il a succédé ; si la Chambre des Pairs a changé de direction, en supposant qu'elle en eût une lors-qu'on l'a augmentée en nombre. Toutes les questions, depuis cinq ans livrées à l'incertitude des esprits, sont restées incertaines ; et cependant la société s'est affermie d'elle-même et par son propre instinct. A quoi cela tient-il, si ce n'est à ce que les disputes établies ne roulent que sur des mots, à ce que les intérêts honteux cachent leur foiblesse sous des mots, tandis que la force qui est dans les situations positives entraîne tout dans un sens déterminé. En prenant l'expression mœurs dans son sens général, on peut affirmer que jamais aucune nation n'a eu des mœurs plus en rapport avec ses intérêts fondés que la nation française en ce moment. Que les lois soient plus ou moins bien discu-tées, plus ou moins bien rédigées, que le gouvernement avance ou recule, que l'administra-tion se fasse ou ne se fasse pas illusion sur la direction qu'elle suit ou qu'elle croit suivre, que la Charte soit plus ou moins bien défendue, la France avance de fait en prospérité, en sta-

bilité , et même en liberté, parce qu'elle porte
en elle-même toutes les conditions de ces pré-
cieux avantages. La seule erreur qui puisse être
aujourd'hui fatale à tout ce que la France voudroit conserver, consiste, de la part des royalistes ignorans comme de la part des libéraux
exagérés, à croire que ces avantages tiennent
à la révolution, lorsque la plus grande preuve
qu'on puisse donner qu'ils en sont indépendans,
résulte positivement de ce qu'ils existent après
une révolution et des événemens qui devoient
les anéantir.

CHAPITRE II.

Le mouvement qui entraîne la France aujourd'hui est indépendant de la révolution.

LA première fois que j'ai fait remarquer, dans mes écrits, le contraste d'une nation développant tous ses moyens de richesses sous une administration foible, et s'affermissant sous un gouvernement qui permettoit qu'on le déclarât publiquement en péril, beaucoup de personnes, frappées de la vérité de cette observation, m'ont interrogé de vive voix et par écrit pour savoir si je croyois qu'en effet la législation et les gouvernemens eussent maintenant moins d'influence qu'autrefois sur la prospérité des nations. On sait mal l'histoire quand on ne la lit que comme elle est écrite; et peut-être falloit-il vivre assez pour voir faire vingt ou trente mille lois, afin d'apprendre qu'on ne fait pas des lois. Depuis plus de quatorze siècles que dure la monarchie française, croit-on que sa législation ait toujours été bonne, et que son gouvernement ait toujours été fort? Croit-on qu'elle n'ait point passé par des épreuves plus terribles que celles dont nous avons été les témoins, les acteurs et les victimes ? Croit-on que les lois jugées bonnes aient toujours eu de bons résultats, que les lois déclarées mauvaises ou ridicules aient toujours eu des effets désastreux ? Si les lois et les gouvernemens avoient une puissance indépendante du mouvement que les mœurs et les intérêts actifs impriment à un peuple, comment auroit-on vu disparoître des nations qui cependant avoient conservé les mêmes lois et les mêmes formes de gouvernement sous lesquelles elles avoient prospéré ? Change-t-on les lois d'élection en Angleterre quand on veut changer de système ? Les mêmes lois au contraire n'y ont-elles pas fait triompher vingt fois les partis opposés ? Les mœurs, qu'on pourroit appeler l'esprit recteur des peuples, sont toujours déterminées par des intérêts dominans ; ces mœurs sont mobiles parce que les intérêts dominans des peuples varient par des causes qui ne dépendent ni de la législation, ni des gouvernemens, mais d'une loi générale de la Providence qui veut que tout ce qui respire se meuve et se modifie sans cesse, positivement pour qu'il continue d'exister. De l'enfance à la vieillesse de l'homme, combien de modi-

fications ! et cependant c'est toujours le même
être. Il en est ainsi des nations ; elles se modi-
fient et sont toujours les mêmes ; elles se modi-
fieront tant qu'elles auront de l'existence. Très-
peu partisan de la perfectibilité considérée
comme système, je ne crois pas que les modifications soient toujours des perfectionnemens ;
mais il est impossible de lire l'histoire sans
convenir que les nations ne durent que sous
la condition d'être à la fois toujours les mêmes
et toujours différentes, et que les changemens
successifs qu'elles éprouvent tiennent à des
causes au-dessus de la prévoyance des gouvernemens et des lois.

Qu'est-ce que la Nation française ?

Depuis l'entrée de Clovis dans les Gaules,
jusqu'à la session de 1820, on trouveroit cent
réponses différentes, contradictoires, et qui
toutes seroient d'une vérité incontestable. De
tout ce que nos aïeux nous ont transmis, la
royauté est ce qui a éprouvé le moins d'altéra-
tion ; cependant qui oseroit dire qu'elle se soit
toujours ressemblée dans ses effets et dans son
institution ? Nécessairement militaire sous la
première race, elle avoit pour supplément et
pour rivale obligée cette mairie du palais qui,
d'autant plus forte d'assentimens qu'elle étoit

élective, a fini et devoit finir par usurper le
pouvoir, puisqu'il lui suffisoit, pour s'emparer
du trône, de corrompre les fils des Rois jusqu'à les rendre méprisables à une nation sans
cesse sous les armes, et qui se considéroit
encore comme campée dans le pays qu'elle
avoit conquis. Les descendans de Clovis ont
perdu la couronne en restant dans leurs palais ;
Charles V, en se faisant une loi de ne jamais
commander les armées, a rétabli la royauté
que la valeur imprudente de son père avoit
compromise ; tant les mêmes causes produisent
des effets différens selon les mœurs dominantes.
Sous la première race, la royauté étoit hérédi-
taire, mais l'héritage se partageoit entre les
enfans du monarque. Cette division continuelle
du royaume, qui a causé tant de malheurs,
qui nous paroît aujourd'hui un tort du siècle,
un défaut de prévoyance, étoit, selon les intérêts du temps, indispensable comme l'est aujourd'hui l'indivisibilité de la couronne. Charlemagne fut obligé d'admettre le partage de
la France entre ses enfans ; lui qui avoit tant
osé pour arriver à l'unité, et qui n'a pu être
grand entre les Rois qu'à cette condition. Sous
la seconde race, la royauté se trouva élective,
parce qu'elle se lioit à la mairie du palais ;

mais l'élection fut renfermée entre les fils du Roi, par suite des idées formées sous la première race. Les conquêtes de Charlemagne et les sanglans démêlés des enfans de Louis-le-Débonnaire, ayant fatigué la noblesse, seule force militaire de ces temps, elle fixa elle-même les conditions des services qu'elle devroit désormais à l'Etat; et aussitôt il n'y eut plus ni Etat, ni royauté; mais une anarchie épouvantable qui se fit des règles, s'adoucit parce qu'elle dura, et ne put durer que parce qu'elle devint générale en Europe. Et c'est une chose qu'il faut remarquer, que les nations ont plus d'influence les unes sur les autres dans les modifications de leur régime, que chacune d'elles sur elle-même par sa législation particulière. Les premiers Rois de la troisième race ne furent que les premiers entre leurs égaux. On pouvoit, sans crime, leur faire la guerre, parce qu'ils eurent long-temps des intérêts de possession personnelle qui alors ne se décidoient que par la guerre. Depuis que les débats de ce genre se décident généralement par les lois, nos Rois plaident dans les tribunaux, pour des intérêts personnels, comme les autres Français. Otez la différence des mœurs, tout est semblable; comptez cette différence, rien ne se ressemble ; quoique tout parte de ce principe constant en France , que les souverains doivent recevoir la justice pour eux comme ils la font à tous. Cela étoit vrai du temps de Clovis , et l'est encore aujourd'hui; il n'y a que les formes qui soient changées.

Le clergé, dépouillé par Charles Martel, et traité d'autant plus sévèrement par les nobles qu'ils ne pouvoient lui pardonner l'ascendant qu'il avoit pris dans les affaires de l'Etat, et la protection qu'il avoit donnée à l'usurpation, le clergé chercha et trouva un point d'appui hors du royaume. Il en avoit besoin ; mais il en abusa bientôt pour dominer les Rois en s'immisçant dans les intérêts de la famille royale dont il faisoit des intérêts politiques , tandis que les nobles affoiblissoient la royauté, en mettant sans cesse leurs intérêts privés au-dessus des intérêts de l'Etat. Pendant cette confusion de tout ce qui avoit autorité ou s'étoit fait une autorité, de nouvelles mœurs s'introduisoient par de nouveaux intérêts; le temps les avoit créés sans secousses et sans bruit, selon son usage; et la partie de la nation que, depuis la conquête des Francs, on avoit l'habitude de compter pour rien, se trouva naturellement en position de servir d'appui aux Rois. Le pouvoir n'a que deux fonctions essentielles au maintien de la société : combattre et juger. L'ignorance des nobles leur avoit fait perdre la fonction de juger ; ils ne pouvoient prononcer dans des intérêts qu'ils refusoient d'étudier, et même de reconnoître ; triste manie de la noblesse française qui l'a conduite où elle est maintenant, et peut la mener plus loin ; car l'orgueil qui refuse d'admettre ce qui est par une force au-dessus des volontés humaines, finit nécessairement par se trouver en dehors de tout ce qui est positif dans la société. Le clergé avoit d'abord attiré à lui le jugement de toutes les causes auxquelles il pouvoit lier la religion et les mœurs ; mais à mesure que les intérêts se multiplioient, la science des jugemens devoit admettre des classifications ; et l'autorité royale, pour retrouver son éclat, n'eut qu'à prendre sous sa protection directe toutes les causes qu'il n'étoit plus raisonnablement possible de considérer comme du ressort de l'Eglise.

La fonction de combattre restoit encore exclusivement à la noblesse ; mais l'établissement des troupes soldées termina son pouvoir politique. Cet établissement se fit, comme tous les grands changemens qui ont lieu dans l'ordre social, quand il fut possible et nécessaire. Il n'étoit possible que par un commencement d'industrie qui, en donnant un peu d'aisance à la classe moyenne, lui permît de se racheter en argent du service personnel. Il étoit nécessaire, parce que les arrangemens qui fixoient le nombre des hommes que les seigneurs devoient conduire à la guerre, la durée et les conditions du service, n'étoient plus en rapport avec les besoins de la société et les moyens employés par les puissances rivales. Il étoit nécessaire surtout, parce que de longs désordres avoient laissé sans ressources et sans maîtres un grand nombre d'individus qu'il falloit tenir sous les armes au nom et au profit de l'Etat, ou combattre de tout ce qui restoit de forces à l'Etat. Les *grandes bandes*, les *compagnies*, la *jacquerie*, les *tardvenus*, toutes ces hordes dont les terribles exploits occupent une place si grande et si singulière dans notre histoire, précédèrent l'établissement des troupes soldées, et le formèrent bien plus impérieusement que les lois et les Rois. Rien ne s'improvise dans l'ordre social; et lorsqu'on dit que Charles V fut le premier qui paya des hommes d'armes, on oublie que quiconque le vouloit en payoit avant ce Roi; comme le chancelier Duprat n'établit la vénalité des charges de judicature au

profit de la couronne, que parce que les courtisans les vendoient publiquement bien avant
qu'il fût chancelier.

Mais, lorsqu'on veut se faire une idée des
modifications indépendantes de la législation et
des gouvernemens, éprouvées par une nation
cependant toujours la même depuis quatorze
siècles, c'est sa langue qu'il faut étudier. Du
mélange des Romains, des Gaulois et des
Francs, de l'incompatibilité de leurs idées, de
leurs mœurs, de leurs intérêts, comment a-t-il
pu se former une langue commune à tous, et
si bien faite qu'elle a fini par être la langue de
l'Europe policée ? Quel temps il a fallu ! Juste
le temps nécessaire pour que plusieurs peuples
ne fissent qu'un peuple, plusieurs législations
une législation, et que de cent coutumes diverses
il sortît un Code général à la tête duquel on
pût énoncer des principes de droit public. Qui
peut être assez dépourvu d'instruction, assez
dominé par des préjugés, pour ne pas convenir
que, lorsque la langue d'un peuple est arrivée
à son point de perfection, quels que soient les
élémens divers dont ce peuple ait été d'abord
composé, il y a unité ? Si on vouloit retrancher de la langue française tout ce qui ne sert
aujourd'hui qu'à rappeler des choses qui ont

été et ne sont plus, si on n'y laissoit que ce qui exprime les idées et les situations présentes, les partisans des choses finies et les partisans des choses qui n'ont pu s'établir connoîtroient enfin quelle est la puissance des mœurs fondées sur des intérêts et sur des nécessités. Les uns ne nieroient plus la possibilité et souvent la justice de l'égalité entre les choses semblables; les autres ne mettroient plus en avant l'égalité absolue. On ne demanderoit à la législation que ce qu'elle peut; on ne tourmenteroit plus les gouvernemens pour obtenir qu'ils veuillent ce qu'ils ne peuvent pas. En leur laissant la faculté de comprendre que les modifications naturelle-ment introduites déplacent les forces d'une na-tion en les augmentant bien plus qu'en les diminuant, on les amèneroit bientôt à ne pas se croire déchus parce qu'ils sont autres, et à ne pas mettre sur le compte d'une révolution violente un état de société qui, dans tous ses points fondamentaux, avoit précédé cette révolution, et qui lui a survécu.

Il sembleroit, à entendre les purs, les inca-pables et les circonspects, que, s'il n'y avoit pas eu de révolution, la royauté seroit abso-lue, que les parlemens seroient respectés, la noblesse un pouvoir, le crédit public au-dessus de toute atteinte et de toute inquiétude ; que les esprits seroient unis par de saines doctrines, les ministres à l'abri des revers, les financiers livrés au mépris, les bourgeois sans éducation et sans fierté ; que les mœurs seroient pures, la religion en honneur ; que nulle fortune n'auroit augmenté, nulle fortune diminué ; qu'aucune famille ne se seroit éteinte, qu'aucune famille ne se seroit élevée, et qu'entre ceux qui mettent à honneur de travailler et ceux qui mettent leur gloire à ne rien faire, l'équilibre seroit resté ce qu'il étoit. Hélas ! chaque jour emportoit davantage un côté de la balance ; et la révolution a signalé la destruction de l'ancien ordre social bien plus qu'elle ne l'a causée.

La noblesse, sans aucun pouvoir dans l'Etat, riant elle - même de priviléges dont elle ne voyoit plus le but, ennuyée d'une vie sans considération publique, employoit sa fortune acquise à corrompre pour se distraire ; et la seconde moitié du dix - huitième siècle appartiendroit tout entière aux courtisanes, si les philosophes n'en réclamoient leur part.

Les parlemens avoient été abolis par un coup d'Etat ; ils se déclarèrent ensuite impuissans à aider le Roi qui les avoit rétablis. Ainsi les dernières libertés du passé, après avoir été frap-

pées par le despotisme, s'abdiquoient elles-
mêmes quand le pouvoir, absolu de fait, mais
soumis par des circonstances impérieuses, avoit
besoin de secours. Les ministres essayoient des
systèmes, et la cour essayoit des ministres; la
rapidité des changemens avoit mis le dégoût à
la place de la curiosité, et les fautes politiques
descendirent au-dessous du ridicule. Les livres
dont la réputation s'est faite à cette époque por-
teront un long témoignage de l'état où se trouvoit la religion. Les vieilles fortunes tomboient
par une suite nécessaire de mœurs dépravées,
appuyées sur tous les raffinemens du luxe; les
fortunes nouvelles au contraire se faisoient respecter, parce qu'elles s'unissoient à l'esprit, à
l'élégance des manières, et que seules elles trouvoient les ressources nécessaires pour prodi-
guer et pour s'accroître. On entendoit dire sans
cesse et partout que la France touchoit à une
grande commotion, sans que les esprits en de-
vinssent plus sérieux; et lorsque la royauté
appela la nation entière à s'unir à elle pour sauver le présent et assurer l'avenir, l'ignorance
des conditions fondamentales de l'ordre social
dans toutes les classes, ne peut être comparée
qu'à la présomption qui empêchoit de s'en
apercevoir. Le temps, qui s'étoit écoulé depuis

que la France n'avoit été consultée, rendoit tout obscur ; personne ne savoit d'où il falloit partir pour rentrer dans l'ordre. Eloignés de toute participation au règlement de leurs intérêts, les Français ne pouvoient avoir sur la politique que les idées qu'ils avoient prises dans les livres ; et ces livres n'avoient obtenu de succès sur une société frivole que parce qu'ils flattoient ses passions, et ne lui apprenoient rien. La France vaut mille fois mieux aujourd'hui qu'à cette époque ; et, pour connoître toute la force qu'elle a tirée des événemens, il suffit de considérer avec quelle facilité elle s'est élevée au - dessus des derniers malheurs qui l'ont accablée.

L'institution du Jubilé chez les Juifs m'a toujours paru d'une profonde politique. Deux fois par siècle, les dettes étoient abolies de droit ; et de droit encore les hommes qui étoient tombés en esclavage recouvroient leur liberté. La législation la plus fixe dont l'histoire fasse mention avoit prévu qu'il y a des intérêts et des situations variables, et elle les avoit réglés d'avance pour éviter les commotions, en rappelant tout ce qui souffroit aux avantages généraux de la société. Mais en France, il n'y avoit aucune législation fixe, quoique l'esprit

général de la législation fût admirable. Tout
changeoit autour du pouvoir, tout changeoit
dans es situations sociales; les forces se dé-
plaçoient; aucune classe n'étoit et ne pouvoit
être contente de sa position, ni même de ses
souvenirs; les temps passés n'étoient connus
que par la haine ou le mépris qu'ils inspiroient.
Les douceurs de la vie privée faisoient seules
compensation à tous les regrets; il sembloit
qu'on eût mis en commun tout ce qui peut
amuser; et l'égalité du plaisir alloit certainement
plus loin que n'ira jamais l'égalité politique.
Mais cet entraînement ne pouvoit durer qu'autant que le pouvoir ne proclameroit pas le premier que l'Etat s'écrouloit au milieu de la dissipation générale; il fut réduit à le faire, et ne
fit rien de plus. Il étoit loin de se douter des
modifications importantes que la nration française avoit éprouvées, depuis qu'elle n'avoit
été assemblée.

Les mœurs et les livres avoient mis à la mode
l'égalité absolue. Les philosophes allemands,
moins hardis que les nôtres, se rapprochent
davantage de la législation juive; ils nient
l'égalité, mais ils voudroient de l'égalisation,
c'est-à-dire que la société s'examinât de temps
en temps, et qu'elle remît les hommes et les

choses en rapport avec leurs situations présentes. Ce que les philosophes allemands veulent par système, s'opère naturellement dans toute société assez bien constituée pour ne pas être étrangère au règlement de ses affaires ; et si nous avions continué à avoir des Etats-Généraux, comme l'Angleterre a continué à avoir son Parlement, les intérêts se seroient classés à mesure que le mouvement de la civilisation les auroit créés; on n'auroit pas fait, en trente ans, vingt-cinq mille lois qui sont des absurdités quand elles ne sont pas des crimes ; nous existerions sur notre ancienne législation, toujours modifiée et toujours la même, puisqu'elle ne seroit devenue différente que par l'effet de nos mœurs, et dans de justes rapports avec nos besoins.

Rien ne frappe comme l'immobilité des nations soumises au despotisme, et le despotisme n'est possible qu'à cette condition. Le mouvement progressif des nations européennes repousse les gouvernemens absolus; ils n'y ont jamais de durée. Ceux qui voient le pouvoir absolu dans les temps anciens des monarchies modernes se trompent grossièrement ; ceux qui s'imaginent qu'on pourroit le rétablir pensent à eux plus qu'au pouvoir des Rois, et se tromperoient pour eux et pour les Rois. Ils troublent la société ; leurs préventions et leur ignorance ne leur permettant pas de s'apercevoir qu'ils proclament des principes dans un sens, tandis qu'ils admirent, qu'ils appuient, qu'ils provoquent des mesures dans un sens opposé. Par leurs actions, ils vont avec la société ; par leurs intrigues, ils marchent contre elle ; et leurs amis les plus sincères sont certainement ceux qui voudroient leur faire sentir la vanité de leurs projets. En supposant que les nations reviennent en arrière, ce qui est aussi peu probable des nations que des hommes, si on parvenoit à ramener la France au point où elle étoit avant la révolution, on n'auroit que le triste avantage de la mettre dans la nécessité de recommencer, avec cette différence essentielle, qu'avant l'établissement des libertés publiques, il pouvoit y avoir pouvoir absolu sans violence, mais que les libertés publiques ayant été proclamées, ce qui les anéantiroit seroit tyrannie. Où des rois légitimes trouveroient-ils assez de criminels pour en faire des complices de leur tyrannie ? C'est un honneur qui n'appartient qu'aux usurpateurs, et qu'il faut leur laisser. Qu'on y réfléchisse bien : la même marche politique qui, dans tous les temps, a fait le succès des usurpations, a renversé les princes légitimes; et il est impossible que cela soit autrement. La légitimité a ses conditions morales indépendamment de ses conditions politiques; c'est ce qui la distingue de out pouvoir usurpé; c'est ce qui la soutient; mais c'est aussi ce qui la contraint à être loyale.

CHAPITRE III.

Du pouvoir absolu dans le Gouvernement, du pouvoir absolu dans l'Administration.

On peut, avec de l'esprit, soutenir la nécessité du pouvoir absolu dans le gouvernement; on peut même admettre qu'il y soit légalement constitué; il y en a des exemples chez les peuples les plus libres. Lorsque les Romains créoient un dictateur, ils proclamoient le pouvoir absolu dans des formes déterminées et dans des intentions prévues. Mais il ne faut pas oublier qu'alors le pouvoir absolu s'appliquoit au gouvernement et non à l'administration, c'est-à-dire aux hommes qui ont souvent besoin d'être conduits vivement, et non aux choses qui ne demandent jamais que de l'ordre et de la surveillance. Lorsque les Romains créoient un dictateur, il n'y avoit pas tyrannie; la suspension des lois n'est pas la même chose que leur violation. La tyrannie est l'anéantissement des lois par la force et par la ruse; aussi est-elle toujours désastreuse, tandis que la suspension des lois peut être décidée dans l'intérêt même des libertés.

. Lorsque les anciennes libertés ont été mal constituées, que le temps les a affoiblies en changeant les rapports entre les différentes classes de la société, il peut y avoir pouvoir absolu dans le gouvernement sans que les lois l'autorisent, et cependant sans qu'il y ait violence. Les Etats monarchiques de l'Europe en ont offert de nombreux exemples. La royauté, ainsi que nous l'avons remarqué dans le chapitre précédent, étant de toutes les institutions nécessaires celle qui se modifie le moins, il est dans l'ordre naturel des choses qu'elle attire à elle toutes les forces que perdent les vieilles institutions, et qu'elle en profite jusqu'à ce qu'elle succombe sous le poids de sa puissance, si elle n'a pas l'habileté de créer des institutions nouvelles en rapport avec les modifications de l'ordre social. La royauté, en France, devint absolue de tout ce que perdirent la noblesse et le clergé, comme pouvoirs politiques, et la France entière applaudit. C'étoit un soulagement pour les classes moyennes qui se formoient. L'intérêt public, plus que les raisonnemens, faisoit sentir qu'il est bon que le droit de combattre et de juger appartienne exclusivement au pouvoir souverain. Mais alors le gouvernement des hommes étoit tout, l'administration des choses n'étoit rien ; l'état social n'avoit pas encore acquis ce mouvement de commerce et d'industrie, ce développement presque miraculeux, qui permet que la fortune de l'Etat se compose d'une part de la fortune de chaque particulier, et grandisse de tous les progrès de la prospérité générale. On ne comprenoit pas, on ne pouvoit pas comprendre alors ce qui nous paroît si naturel aujourd'hui. Si nos Rois ont souvent altéré les monnoies pour se créer des ressources, c'est que battre monnoie étoit un droit généralement attribué aux Rois ; ils n'osoient pas établir des impôts, parce qu'il étoit aussi généralement reconnu qu'ils ne le pouvoient pas. Aussi les premières tentatives dans ce genre furent-elles faites honteusement, concédées à vil prix plutôt qu'exploitées dans l'intérêt du trésor royal ; les contribuables furent livrés au pillage. Toute opération contraire aux principes du droit public, a toujours besoin de se faire des complices pour trouver des partisans ; cette règle est sans exception.

L'histoire montre que le pouvoir peut être quelquefois absolu dans le gouvernement qui doit maintenir l'indépendance du territoire, faire régner la justice, et qui s'applique aux

hommes. Par les seules combinaisons d'une raison élevée, on a donc pu dire : tout pouvoir
vient de Dieu qui, en créant la société, y a
attaché les nécessités qui assurent son existence.
Mais jamais le pouvoir n'a été reconnu ni par
les lois, ni par la raison, absolu dans l'administration ; il n'est pas nécessaire qu'il le soit, il
seroit même dangereux qu'il le fût. Les Rois
gouvernent ou sont censés gouverner par eux-
mêmes ; mais ils n'administrent pas directement ; ils ne le pourroient pas quand ils auroient la prétention et le tort de le vouloir.
L'administration ne s'applique qu'aux choses,
et le règlement des choses est bien plus une
affaire de conciliation qu'une affaire de pouvoir.

Les hommes sont aujourd'hui ce qu'ils ont
toujours été ; mêmes passions, mêmes vices,
mêmes vertus, même folie, même sagesse ;
nous comprenons la politique des peuples
passés, nous entrons dans les grands intérêts
qui les ont agités ; notre littérature se nourrit
de leurs projets, de leur grandeur, des catas-
trophes qu'ils ont subies ; nous les appelons
sans cesse en témoignage de nos raisonnemens.
L'homme et le pouvoir dans tous les temps, les
nations et les gouvernemens dans tous les pays
se ressemblent à travers les circonstances les

plus variables; c'est pour cela qu'ils nous touchent; et que leurs destinées nous rappellent à l'idée d'une Providence poussant les peuples et les Rois dans des vues que nous ne pouvons comprendre, mais qui restent divines pour nous, parce que nous y reconnoissons de l'unité.

Mais que savons-nous de l'administration des peuples dont nous connoissons le mieux l'histoire? rien, à peu près; cela ne méritoit pas d'être écrit; on l'auroit écrit que nous ne le comprendrions pas, que nous ne chercherions pas à le comprendre; il n'y auroit aucune instruction applicable à en tirer. L'administration des choses varie à l'infini et quelquefois instantanément; c'est toutes les minutes à recommencer; aussi fait-on les comptes d'administration tous les jours, et ne les décide-t-on pas pour plus d'une année, tandis qu'on établit les gouvernemens, leurs droits et leurs devoirs à perpétuité, autant que l'humanité peut y prétendre. Quand la France n'avoit ni commerce, ni industrie, qu'elle ne payoit pas d'impôts parce que le clergé et la noblesse s'en exemptoient, et que le reste des habitans ne possédoit rien, il falloit maintenir l'indépendance du territoire à l'égard des étrangers, rendre la justice et gouverner les hommes, tout aussi bien que depuis que nous avons des budgets d'un milliard ; et on y parvenoit. Voilà le pouvoir, pouvoir qui naît de la force des choses, qui est toujours le même, ayant toujours les mêmes devoirs à remplir, et qu'on peut considérer comme venant de Dieu. Mais lorsque notre clergé étoit riche de biens-fonds, et qu'il les administroit lui-même, il refusoit avec raison à l'administration publique le droit de les taxer arbitrairement ; il donnoit *gratuitement*, après avoir discuté la part qu'il devoit et pouvoit accorder dans les dépenses générales de l'Etat. Le clergé ne disoit pas et ne croyoit pas que le pouvoir de l'administration vînt de Dieu, pas plus qu'on ne diroit et qu'on ne croiroit aujourd'hui que c'est de Dieu que les préfets reçoivent le pouvoir de faire le budget des communes et de nommer leurs gardes champêtres. La noblesse agissoit de même que le clergé, non comme corps, puisqu'elle ne possédoit pas en corps ; mais les exemptions dont elle jouissoit, les franchises et les priviléges qu'elle avoit conservés, qu'étoit-ce, sinon une défense accordée à chaque individu-noble dans ses intérêts, une composition avec l'administration, une barrière contre la fiscalité ? Eh bien, ce qu'on

appelle aujourd'hui gouvernement représentatif n'est que l'application générale à la nation
française, devenue une par l'effet du temps,
riche par son activité, de ce qui a toujours
existé pour cette même nation, lorsqu'elle étoit
renfermée dans deux classes formant seules des
pouvoirs politiques. Que la royauté s'élève,
nous n'avons rien à lui disputer comme gouvernement; jamais elle ne défendra avec trop
de grandeur l'honneur du territoire français;
jamais elle ne fera régner la justice avec trop
d'éclat; jamais elle ne protégera avec trop d'efficacité ce qui règle les hommes, la religion et
la morale. Son pouvoir à cet égard vient de
Dieu; et nous en donnerions pour preuve qu'il
lui est imposé comme devoir. Mais la quotité des
impôts, leur répartition, leur emploi, les douanes,
les droits réunis, les patentes, les affaires des communes, les rentes, les annuités, les obligations
du Trésor, et le taux auquel on les négocie, tout
cela ne vient pas de Dieu, tout cela ne présente
que des intérêts variables, qui n'acquièrent
d'importance que par leur multiplicité, et qui
par conséquent ne peuvent être bien connus et
bien réglés que du consentement des intéressés.
Par une bizarrerie digne des temps où nous
avons vécu, on a vu des ministères faisant bon

marché des droits de la royauté, tandis qu'ils
prétendoient au pouvoir absolu dans l'administration, regarder comme ennemi de la couronne quiconque leur résistoit, sans se douter
que la plus forte résistance n'étoit pas dans le
bon sens de quelques hommes, mais dans la
nature des choses. Par une bizarrerie plus grande
encore, ceux qui se disent aujourd'hui royalistes par excellence défendent le système administratif créé sous Buonaparte, comme un héritage qui appartient à la royauté légitime, sans
pouvoir comprendre que le despotisme dans
l'administration est le plus grand obstacle à
l'autre despotisme qu'ils voudroient établir.

Loin que la royauté puisse s'élever tant qu'on
la confondra dans l'administration, il est impossible qu'elle ne s'affoiblisse pas, et même
qu'elle ne se dégrade pas dans tous ces petits
détails d'impôts et d'argent qui la feroient descendre au niveau de ce qu'on appeloit autrefois
la maltôte. Ces détails sont faits pour être discutés et réglés entre les Chambres et les ministres; et si le budget regarde plus spécialement la Chambre des Députés, ce n'est point
un honneur, ce n'est point un privilége; mais
parce que la Chambre des Pairs, en supposant
l'aristocratie dans toute sa plénitude, seroit

elle-même placée trop haut pour toutes les discussions nécessaires à la formation d'un budget. Partout où les Rois ont perdu leurs domaines, soit par suite des événemens, soit par l'insatiable avidité des courtisans, les nations ont fait à leurs princes une liste civile large et à l'abri de toute variation, afin que la royauté fût et parût désintéressée dans tout ce qui est fiscal. L'histoire ne nomme pas un Roi absolu qui ne se soit dégradé pour obtenir de l'argent ; cela est tout-à-fait impossible à un Roi sous le gouvernement représentatif ; cette réflexion ne devroit pas échapper à ceux qui se sont fait un état de leur amour pour les Rois.

Le pouvoir absolu dans l'administration d'un royaume où on lève neuf cents millions d'impôts, est une contradiction ; l'essai peut en convenir à des ministres, à des ministres surtout auxquels il est indifférent de servir l'usurpation ou la légitimité ; mais il seroit mortel pour la royauté. Cela peut-il être ignoré en France où le pouvoir royal s'est toujours affoibli à mesure que l'administration s'élevoit ; en France où, depuis l'abaissement des grands, l'Etat n'a éprouvé de secousses que par les choses de l'administration ; en France, où la révolution a éclaté par suite de l'embarras des finances, et non certainement à cause des reproches à faire au Roi qui en a été la victime ?

Les partisans du pouvoir absolu essaient quelquefois de s'appuyer sur les temps passés : qu'ils consultent l'histoire, ils verront que le clergé, la noblesse, les parlemens, les corporations n'ont jamais admis la possibilité du pouvoir absolu dans l'administration, même lorsqu'il existoit de fait dans le gouvernement.

Comment donc oseroit-on y prétendre depuis que les libertés publiques ont été solennellement proclamées ?

CHAPITRE IV.

De la réalité et des conséquences du gouvernement représentatif.

LA monarchie française datant de loin, quand tous les monumens de son histoire seroient anéantis, le bon sens suffiroit pour donner la certitude que le pouvoir y a éprouvé beaucoup de modifications.

Lorsque la nation s'assembloit au Champ de Mai, c'étoit probablement pour quelque chose ; lorsque les Etats-Généraux étoient convoqués, on peut croire encore que ce n'étoit pas pour rien. Les intérêts qu'on discutoit au Champ de Mai et dans les Etats-Généraux différoient sans doute des intérêts qu'on discute aujourd'hui ; les formes ne ressembloient pas non plus aux nôtres ; cela ne prouve rien, sinon que la société s'est modifiée. Que ce soit en bien, que ce soit en mal, la question ne mérite pas d'être examinée, puisque les nations comme les hommes dont elles se composent, avancent et ne reviennent pas. Nous l'avons déjà dit : il ne peut y avoir que les nations soumises au despotisme qui soient stationnaires, et le despotisme n'est pas européen ; notre activité s'y oppose.

La royauté en France a donc toujours été modérée, soit par des institutions, soit par les événemens ; plus ou moins modérée, on l'appeloit royauté comme aujourd'hui ; mais les formes du gouvernement n'avoient jamais assez appelé l'attention générale pour s'attirer un nom particulier. C'est un progrès vers la stabilité plus grand qu'on ne le croit, qu'un nom donné à une forme de gouvernement, et généralement adopté.

Cependant le nom de gouvernement représentatif, donné à l'ordre de choses sous lequel nous vivons, effraie beaucoup de personnes qui le regardent comme une nouveauté. Le gouvernement représentatif est moins nouveau que le gouvernement absolu ; il est tout pratique et se refuse à toute théorie ; c'est *la défense publique des intérêts généraux et la défense possible des intérêts de localité*. Il produiroit bien peu de discours et de bruit sous un ministère habile ; il est heureux qu'il produise au moins du bruit sous un ministère qui manque d'habileté. Les débats de la Chambre des Députés ne s'y renferment pas ; or, une nation, qui prospère par ses propres forces, gagne beaucoup en tranquillité lorsqu'elle peut compter à la fois les fautes de ceux qui l'administrent, et les fautes de ceux qui défendent des partis, et oublient de défendre ses intérêts.

Pour être juste envers tous et n'être sévère envers personne, il est indispensable de rappeler les événemens qui ont amené la Chambre de 1820. Qui pourroit-on louer sans restriction, qui pourroit-on accuser sans réserve, lorsqu'il est prouvé, par les faits, qu'aucun parti n'a eu d'influence suivie sur les décisions; qu'aucun orateur n'a pris d'ascendant marqué; que le ministère a louvoyé et n'a jamais marché; que tous les projets, avoués et non avoués avant l'ouverture de la session, ont fini par être ajournés à la session prochaine, le ministère comme les partis espérant recevoir des renforts, et craignant tous également de n'obtenir que des antagonistes? Quelle position! qu'elle seroit triste si la France n'étoit plus forte que ceux qui prétendent la diriger! Qu'elle est plaisante pour ceux qui connoissent la vanité de toutes les prétentions, et la folie de tous les projets! Que disoit-on avant l'ouverture de la session? Qu'il n'y avoit qu'un moyen de sauver la monarchie, de tuer la révolution, de mettre de l'accord et de l'ensemble entre les pouvoirs de la société, et que ce moyen unique consistoit à rendre la Chambre des Députés quinquennale, et même septennale. Cette idée avoit pris tant de développemens, qu'on écrivoit de tous les points de l'Europe pour savoir quand on rendroit enfin permanente cette Chambre des Députés, prônée d'avance comme ne renfermant que des royalistes, appelés du fond de l'âme par des ministres devenus eux-mêmes si royalistes que tout le monde en étoit dans l'admiration. Ce grand projet, ce projet miraculeux n'a pas même été mis une seule fois en avant dans un seul discours ; et tout se retrouve à la fin de la session comme au commencement. Les ministres ne veulent pas se lier à la Chambre telle qu'ils l'ont éprouvée ; ils en attendent une plus commode. Les royalistes ne veulent pas s'attacher au ministère tel qu'il est ; ils l'ont prouvé en l'attaquant vivement, surtout à la fin de la session. On s'étoit uni sans confiance ; on se sépare avec l'espérance de ne pas se retrouver ; ainsi se trouve justifiée cette vérité qui ne m'appartient pas, car elle est éternelle, mais qui m'avoit fait annoncer d'avance comment les choses se passeroient : « L'union par » les hommes n'est qu'un amas d'intrigues et de » trahison ; l'union entre les esprits n'est pos-

» sible que par l'accord des doctrines. » Tant qu'il ne se formera pas dans les Chambres une majorité voulant de bonne foi élever la royauté et tenir l'administration en tutelle, aucune majorité n'aura d'ascendant durable dans la Chambre, aucune majorité ne répondra à l'esprit général de notre nation. Cet esprit général n'est pas une affaire de raisonnement ; il repose sur la force irrésistible des mœurs et des intérêts positifs ; il est patient, parce que l'avenir est à lui.

Avant de rappeler les circonstances qui ont précédé la session de 1820, qui devoient la rendre bruyante et sans résultats, je crois nécessaire de répondre à ceux qui prétendent qu'en réduisant le gouvernement représentatif *à la défense publique des intérêts généraux, et à la défense possible des intérêts de localité*, il n'en est pas moins redoutable, parce qu'il peut arriver que les Chambres, en discutant les intérêts d'argent, attirent à elles la puissance du gouvernement ; qu'il y en a des exemples dans le pays qui sert de modèle aux gouvernemens représentatifs. Je suis loin de le nier, et c'est un motif de plus pour moi de désirer que le gouvernement représentatif s'établisse franchement en France.

La royauté la plus fortement constituée, la plus absolue, la plus indépendante, n'est pas toujours dirigée par une main forte; en adoptant la légitimité comme la condition du pouvoir la plus favorable à la société, aucune nation ne s'est dissimulé que tous les Rois ne se ressembloient pas. Quand la main qui gouverne est foible, il vaut mieux que quelque chose du gouvernement tombe en la possession des deux Chambres qui ont, de droit, le règlement des intérêts généraux et la surveillance de l'administration publique, qu'à la merci des intrigues de cour. Sans les Chambres, M. Pitt et les hommes de mérite qu'il s'étoit adjoints n'auroient pu soutenir la lutte de l'Angleterre contre Buonaparte, pendant la cruelle maladie du Roi. Ils auroient été précipités par des causes si petites qu'à peine même les contemporains en auroient entendu parler.

Il faut toujours avoir présente à la pensée cette grande vérité, que, dans les gouvernemens représentatifs qui ne sont pas une fiction, les ministres ne peuvent avoir pour rivaux que des hommes de talent, tant que, dans les gouvernemens absolus, ils ont pour concurrens tous les sots en dignités, et tous les intrigans habiles. Plus les richesses d'une nation se déve-

loppent, plus il est indispensable que l'administration publique n'arrive pas entre les mains
des ignorans, des charlatans, et qu'elle repose
sur des idées généralement adoptées et toujours publiquement développées. Les chutes
ne sont jamais plus fatales que lorsqu'on tombe
de haut, et une erreur en administration pourroit aujourd'hui faire un tort plus durable à
une nation, qu'une fausse mesure de gouvernement. Les ministres d'un Roi sont toujours
intéressés à ce que la royauté ne perde pas ses
droits ; lorsque le pouvoir se réfugie dans les
Chambres, parce qu'il échappe à la main qui
gouverne, les ministres le conservent et le rendent plus fort qu'ils ne l'ont trouvé. Ce qu'on
peut remarquer aujourd'hui en Angleterre en
est la preuve ; la royauté y est certainement
plus libre dans ses mouvemens qu'avant la
maladie du Roi et le ministère de M. Pitt.

Nos parlemens étoient forts ou foibles selon
les circonstances ; ils ont souvent donné la ré-
gence ; ils ont cassé le testament du grand Roi
auquel ils avoient obéi, servant la France par
leur soumission comme par leur résistance ; ce
qui ne veut pas dire qu'ils n'aient jamais fait
de fautes, qu'ils n'aient jamais été entraînés par
les passions populaires ; mais alors même ils

conservoient les principes de notre droit public; et c'est pour cela qu'ils ont mérité l'estime de la nation.

Pour le fond des choses, il en est de même du gouvernement représentatif. S'il dure en France, comme cela est probable, les Chambres y seront souvent fortes, souvent foibles, jamais à cause des théories, toujours par l'ascendant des circonstances; et l'histoire leur conservera de l'estime, tant qu'elles ne renieront pas les lois fondamentales sur lesquelles reposent leur existence. Leur foiblesse sera un bien, si elle n'est relative qu'à la puissance capable de tout entraîner et de tout conduire; leur force sera un bien, si elle supplée à ce qui manquera dans l'exercice du pouvoir souverain; car alors la société sera toujours servie. Mais des pairs de France, des députés nommés par la France, abandonnant les principes de notre droit public, et débitant des maximes qui n'ont jamais été admises en France, ne serviroient ni la royauté, ni la société; ils ne répondroient à aucune pensée, à aucune possibilité; ils jetteroient des alarmes, et maintiendroient cet esprit de révolution qui, n'étant plus dans l'intérêt d'aucune situation sociale, peut cependant se perpétuer par les craintes, et plus encore par la volonté

très-prononcée de ne supporter aucune humiliation.

Mais enfin le temps ne s'écoule pas sans
apporter un peu d'expérience. En voyant la
France si calme pendant que les passions les
plus violentes régnoient dans la Chambre des
Députés, on a dû se convaincre que les discours
de tribune ne jetoient plus dans les esprits la
même chaleur que dans les premières années
qui ont suivi le retour du Roi. Alors on étu-
dioit les opinions parce qu'on avoit besoin
d'apprendre ; on s'en alarmoit, parce que dans
une situation nouvelle pour la plupart des Français toutes les paroles paroissoient importantes ;
aujourd'hui les hommes ont été pesés, les forces
sont connues, les projets devinés ; on sait, de
chaque opinion, ce qu'on peut retrancher
comme appartenant à une position prise ; il
n'y a plus rien d'obscur dans ce qu'on dit, ni
de mystérieux dans ce qu'on ne dit pas. Sous
ce rapport, nous sommes mûrs pour le gouvernement que nous avons. Ainsi que l'a remarqué M. le comte de Saint-Aulaire : « De
tout ce que les Chambres établissent en paroles,
il ne reste que ce qu'elles ont fait. » Malheureusement, tout étoit si bien préparé cette fois
par les antécédens, qu'on devoit beaucoup

dire et ne rien faire. C'est un tort des ministres dans un pays où la constitution a réservé au pouvoir l'initiative des propositions. Il est vrai que les ministres ont l'étrange habitude d'attendre qu'ils aient une majorité pour savoir ce qu'ils proposeront, et que leur constante hésitation vient de ce qu'ils n'ont pas encore trouvé la majorité à laquelle ils oseroient proposer tout ce qu'ils veulent. On feroit volontiers des vœux pour qu'une fois tout fût centre dans la Chambre, afin de voir enfin le ministère jouer à découvert. J'aurois alors le plaisir d'écrire comme historien ce que je ne puis présenter que comme des probabilités dans le chapitre suivant.

CHAPITRE V.

Volontés de despotisme dans des vues opposées.

Je ne sais ce qui seroit arrivé de la France au retour du Roi, si ce prince législateur n'avoit été de lui-même au-devant du besoin que nous avions d'un gouvernement modéré, si toutes les têtes qui rêvoient le despotisme l'avoient compris de la même manière, et surtout si le talent d'exécution avoit répondu à leurs désirs. Il est probable que les libertés auroient été soumises, du moins pendant quelques années; car la force des situations sociales auroit fini par tout ramener au possible, comme cela est arrivé en Angleterre, comme cela arrivera dans toute société en mouvement progressif, sortant d'une révolution longue et variée dans ses combinaisons.

Dans un pays où tout le monde à peu près a eu du pouvoir par suite de l'instabilité des événemens, lorsque le moment est arrivé de rentrer dans un ordre fixe, la seule consolation efficace et générale se trouve dans l'établissement des libertés. Là se réfugient les grandeurs déchues et les amours-propres déconcertés ; en s'associant aux sentimens généreux , les regrets s'adoucissent ; ce qu'ils ont encore de vif se place honorablement dans l'opposition. On étoit quelque chose par les places qu'on occupoit dans l'État, on reste quelque chose par soi-même ; le talent vient au secours de l'ambition, et laisse place aux espérances ; c'est beaucoup. Les royalistes purs qui , dans cette session, ont reproché aux hommes qui ont servi sous Bonaparte de venir parler de liberté, lorsqu'on voyoit encore sur leurs bras la marque des chaînes qu'ils avoient portées, ont pris apparemment les amplifications de rhétorique pour des faits, et les déclamations de nos auteurs tragiques pour des vérités(1). Si la liberté ne s'étoit établie dans le monde que par des vertus, que par l'abnégation de tout intérêt personnel, elle seroit encore un rêve ; les ambitions ont plus fait pour elle que les sentimens généreux. Aussi les anciens ne compre-

---

(1) Ceux qui ont participé au pouvoir sous Buonaparte ne portoient pas des chaînes ; pas plus que le grand-visir n'en porte à Constantinople. Il ne suffit pas d'être pur quand on raisonne, il faut encore de la mémoire et du bon sens.

noient-ils la liberté que par la participation au pouvoir, ce qui étoit rigoureusement juste dans de petits Etats, et avec un système de civilisation qui admettoit des esclaves. Nous comprenons la liberté autrement que les anciens; cela tient aux combinaisons d'un ordre social tout-à-fait différent; mais il ne s'ensuit pas qu'il n'y ait que des vertus qui poussent les peuples modernes à vouloir être libres, ni que des intentions pures dans les moyens qui les font réussir. Les querelles entre ceux qui se disputent ou le pouvoir, ou le privilége de le diriger, ou le privilége de ses faveurs, ont souvent plus fait pour l'établissement des libertés que le talent de ceux qui s'en portoient les défenseurs. Ceci a été très-sensible en France, depuis la proclamation du régime constitutionnel.

Les élèves de Buonaparte, en déclarant que de l'usurpateur au Roi légitime il n'y avoit que les draps du lit à changer, annoncèrent hautement qu'ils vouloient tout conduire par le despotisme de l'administration; Buonaparte tombé, c'étoit tout ce qui restoit de lui à l'usage de ces Messieurs, qui ne comprirent pas et ne comprendront jamais que le système administratif créé sous l'usurpation contenoit et ne conduisoit pas; qu'il alloit par la force du pouvoir, et ne le faisoit pas. Les purs, les incapables et les circonspects, pleins de mépris pour les élèves de Buonaparte depuis qu'ils ne les craignoient plus, voulurent tout attirer à eux en vertu des anciens usages, et proclamèrent de leur côté un despotisme appuyé sur les souvenirs d'autrefois. Vainement les directeurs du despotisme administratif leur crioient : « Laissez-nous faire; vos moyens ne » valent rien. Nuls dans l'application, ils alar- » ment les vanités d'une nation vaine entre » toutes les nations. Nos moyens à nous sont » éprouvés; ils sont encore vivans. Quand » nous serons les maîtres, nous le serons pour » vous, dans votre intérêt exclusif; soyez-en » convaincus. En attendant, regardez-nous » opérer, et applaudissez. »

Mais les purs, les incapables et les circonspects avoient une soif ardente de places et de pouvoir; ils ne pouvoient attendre. Au lieu d'applaudir, ils murmurèrent; ils demandèrent avec hauteur, et blessèrent les vanités de ceux qui leur recommandoient surtout de ménager les vanités. Le combat devint vif, la victoire chaque jour plus incertaine; la France regardoit et restoit indécise; car l'ambition personnelle des circonspects s'étoit cachée sous les nobles doctrines proclamées par la Chambre de 1815, et les Français s'étoient épris de ces mémorables discours si favorables à la fois à la religion, à la morale, au pouvoir et aux libertés. Qu'on n'oublie pas que le système administratif buonapartiste n'a jamais été attaqué qu'une fois sérieusement, et par la Chambre de 1815, on concevra les vrais motifs de là haine des élèves de Buonaparte. Pour balancer les avantages de leurs antagonistes, ils alarmèrent les intérêts de la révolution, ils éveillèrent les prétentions de ce qu'on appelle ses intérêts moraux; alors la majorité de la Chambre de 1815 prit parti contre le ministère, croyant ne défendre que la royauté; elle menaça les ministres, et ne fit rien de plus, les circonspects étant intervenus pour diriger le combat et pour en profiter.

C'étoit ce que le ministère pouvoit souhaiter de mieux pour lui; il fit casser la Chambre; et les purs, les incapables, les circonspects, abandonnés à eux-mêmes, tombèrent dans leur nullité naturelle.

Pendant ce combat entre deux despotismes, la liberté profita de tout ce qui lui permettoit de juger les hommes et les partis.

Le ministère, qui n'avoit pu vaincre les circonspects qu'en cassant une Chambre parfaite dans sa majorité, facile à conduire s'il étoit entré dans l'esprit de la Charte, tomboit dans l'embarras de nouvelles élections ; et comme la France s'étoit attachée à des orateurs qui avoient conquis son estime, elle alloit probablement les élire de nouveau. Il fallut donc ajouter des calomnies, des intrigues, des persécutions à un acte légal, se faire des ennemis de tous les hommes impartiaux, des complices de ceux qu'on avoit cru n'appeler que comme auxiliaires, et pour un seul moment ; dès lors deux despotismes se trouvoient encore en présence, celui de la révolution, qui n'admet pas de partage, et celui de l'administration qui ne vouloit point partager. Nous avons assisté au combat tantôt public, tantôt secret, que se livroient ces deux despotismes, pour savoir à qui appartiendroit le bénéfice de l'ordonnance du 5 septembre. Le combat a été long, les avantages partagés, les révolutionnaires étant mille fois plus habiles que les circonspects ; aussi les deux armées ennemies resteront-elles long-temps fatiguées des évolutions qu'elles ont faites, et affoiblies des coups qu'elles se sont portés.

Les royalistes, débarrassés de l'influence des

circonspects qui se croyoient battus sans ressources, reparurent dans la Chambre, et s'y
trouvèrent en minorité. Ce fut un avantage
pour la liberté ; les minorités sont éternelle-
ment destinées à la défendre ; et comme les
députés royalistes n'avoient rien à démentir,
qu'ils parloient à la tribune dans le même sens
qu'avant leur défaite, l'esprit public se formoit
en France d'une manière admirable. Par dépit, le ministère et les révolutionnaires se rapprochoient de plus en plus ; la violence des
actes dans les uns, la hardiesse des doctrines
dans les autres renvoyoient au parti royaliste
cette France forte et modérée, qui ne veut de
la domination d'aucun parti, et qui les surmon-
tera tous, parce qu'il lui suffit de le vouloir
pour faire pencher la balance du côté qui a
besoin de secours. C'est elle qui fait réellement
mouvoir cette bascule sur laquelle dansent ensemble, depuis 1815, et le ministère et les
partis. Comme historien, il est de mon devoir
de noter que jamais les écrits des partisans
de la révolution ne louèrent les actes violens
du ministère à l'égard des individus ; ces actes
n'eurent d'approbation publique que par les
écrivains soldés.

Le despotisme rêvé par les circonspects et

le despotisme rêvé par les élèves de Buonaparte n'avoient pu s'entendre ; le despotisme
ministériel et le despotisme révolutionnaire
ne purent s'accorder quand le moment approcha de n'en reconnoître qu'un ; moment
inévitable, qui rendra toujours vaines les alliances fondées sur les hommes, sans les rendre
pour cela moins dangereuses dans leurs effets.
Il n'y a de bon et de durable que les alliances
fondées sur des doctrines.

De même que les circonspects s'étoient fon-
dus dans le parti *royaliste-constitutionnel* pour
agir par quelque chose de fort et d'avoué, de
même les têtes révolutionnaires s'étoient abri-
tées sous le parti *constitutionnel-royaliste* pour
agir par quelque chose de puissant et d'honorable. Les circonspects reparurent à mesure
que le parti royaliste se relevoit ; et comme ils
ne l'avoient encore perdu qu'une fois depuis
le retour du Roi, ils se chargèrent de nouveau
de le diriger. Pour adoucir l'espèce de ré-
pugnance qu'inspiroit leur association aux
hommes capables de servir le parti, ils admirent l'union des libertés publiques et de la
royauté. Comment les repousser ? Falloit-il briser ses forces, et se montrer divisés au moment
où alloit éclater publiquement la rupture entre

le ministère et les libéraux ? Le ministère fré-
mit de la nécessité de se rapprocher des royalistes de nouveau dirigés par les circonspects ;
mais le moment étoit décisif, et ne permettoit
pas d'hésitation ; un événement déplorable fit
disparoître ce qu'il en restoit encore ; et le
parti libéral fut frappé par une loi d'élection
comme le parti royaliste avoit été frappé par
une ordonnance.

Je n'ai point approuvé l'ordonnance ; on m'a
proclamé royaliste ; on m'a condamné comme
ultra-royaliste. J'ai jugé la loi d'élection, et il
s'est trouvé que je n'étois plus royaliste. C'est,
je crois, M. Pasquier qui l'est aujourd'hui plus
que moi, lui ou d'autres, cela ne fait rien
dans un pays où on est royaliste ou libéral
selon ses paroles et selon les circonstances ;
jamais par l'unité des doctrines. Je l'avoue, je
n'ai point la prétention d'être un écrivain
royaliste, et toute mon ambition seroit de
compter parmi les écrivains politiques ; aussi
je n'écris pas mes sentimens, je raconte les faits,
et je juge leurs conséquences. Comme je suis
convaincu qu'aucun parti en France n'est fort
de lui-même, mais bien des intérêts qu'il a
l'habileté de prendre sous sa protection, il
m'est impossible d'admirer un système qui ne

se soutient qu'en brisant tour à tour la royauté
dans ses défenseurs et la liberté dans ses partisans. Je plains les royalistes d'être réduits, par
le ministère, à frapper les partisans des libertés ; je plains les partisans des libertés lorsqu'ils sont réduits, par le ministère, à frapper
les défenseurs de la royauté ; et il me semble
en effet qu'il n'y a dans tout ceci sujet de se
réjouir que pour les ministériels, et les ambi-
tieux sans talent qui, dans l'espoir qu'il sortira quelque chose de la confusion générale,
essaient de tout confondre, cela étant plus facile que de tout réunir. Ils ne savent du ma-
chiavélisme que ce que Petit-Jean savoit de
son plaidoyer, le commencement.

La France, qui n'est ni dans la Chambre des
Députés, ni dans la main du ministère, la
France a beaucoup acquis pendant les combats
entre ces diverses prétentions au despotisme.
Aucune ne s'est réalisée; tout est à recommencer,
et la Charte a duré six ans. Pendant six ans, il
est vrai, elle a été plutôt discutée que fixée par
les lois ; mais elle est fixée dans les esprits; c'est
bien plus. Les circonspects, le ministère et les
libéraux peuvent se disputer de nouveau; il
n'est plus en leur pouvoir de séduire, moins encore d'entraîner. Sans doute, tout ce qui est

payé dans l'Etat aura sans cesse l'air d'être en-
thousiaste du parti prêt à dominer; il en adop-
tera-le langage sans effort; on s'imaginera faire
de grands progrès dans un sens ou dans un
autre; on se croira au moment d'un triomphe
complet; folle espérance! La France qui paie
restera au-dessus de la domination d'un parti,
positivement parce que plusieurs partis, en se
disputant le privilége de la conduire, se sont
affoiblis au profit des libertés publiques.

Selon les règles éternelles de la politique, le bénéfice de l'ordonnance du 5 septembre pouvoit
appartenir à un ministre; il n'appartiendra jamais
à plusieurs. L'éloignement de M. de Cazes a
tranché la question du despotisme par l'administration; et ceux qui continuent son système sont
des fous s'ils n'ont pas le dessein de le replacer
à leur tête. M. de Cazes étoit devenu premier
ministre de fait, ce qui est la seule bonne manière de le devenir. J'ignore comment il auroit
rompu son alliance avec le côté gauche, comment il se seroit rapproché des royalistes, en
évitant de tomber sous la domination des circonspects; il y avoit difficulté, non impossibilité. Il auroit fallu changer de langage; tous les
ministres ont prouvé que cela n'étoit pas em-
barrassant; il auroit fallu beaucoup réparer,

revenir sur bien des préventions, apaiser les haines qu'on avoit soulevées; ce à quoi on parvient aisément avec un peu de légèreté, de l'esprit, un désir constant de plaire, dans un pays comme le nôtre, et à une époque où la misère du luxe est si grande que personne ne prend sérieusement la résolution constante de rester sage ou mécontent. Et quand M. de Cazes seroit arrivé au dernier terme de ses efforts, il auroit appris avec surprise que, pour un pays qui fait soixante à quatre-vingt millions de crédit public chaque année, où le budget est de neuf cents millions, le pouvoir le plus absolu est soumis à bien des conditions. On peut, sur ce chapitre, étudier la marche politique de Buonaparte, ses attaques continuelles contre les capitalistes; on saura que le crédit public ne s'est pas formé pendant sa domination, non, comme on l'a dit depuis, parce qu'il n'inspiroit point de confiance, mais bien parce qu'il n'en vouloit pas. Le crédit public, d'après ses maximes, est républicain de sa nature, et impose au pouvoir plus de conditions qu'il n'en reçoit. Il est possible qu'il y ait de la vérité dans cette manière de le considérer; la seule chose qui étonne de nos jours, c'est d'entendre les mêmes personnes vanter à la fois le pouvoir absolu et le crédit public. Mais ces inconséquences ont cela d'admirable, qu'elles ne dérangent point le mouvement de l'ordre social, assez fort pour ne prendre de ce qu'on dit que la partie qui répond à ses besoins.

L'assassinat de M⁸ʳ le duc de Berry fit une révolution complète dans la position des hommes et des partis; M. de Cazes fut éloigné, parce que les royalistes, victorieux comme les premiers chrétiens par le sang d'un martyr, se prononcèrent pour ne pas vouloir marcher avec ce ministre. On s'en prit à l'homme, mais on conserva son système, on adopta ses projets contre la liberté individuelle et la liberté de la presse; on alla beaucoup plus loin que lui, en essayant d'arracher le droit d'élection directe à la majorité de ceux qui en étoient en possession; dès lors il fut facile de prévoir qu'on revenoit au point d'où l'on étoit parti cinq ans plus tôt, et que le ministère ne parviendroit à se débarrasser de la rivalité des libéraux qu'en courant le risque de tomber sous une autre domination. Mais on craignoit de réfléchir, tant les esprits étoient émus; on étoit fatigué de discussions; on s'unit par nécessité; on transigea par nécessité; on fit une loi; et tous les partis comme toutes les amitiés remirent à s'examiner après les élections.

S'il n'y avoit eu qu'un projet formé pour renverser les libertés publiques, la Charte auroit pu succomber, en supposant que les fauteurs de ce projet eussent été doués de toute l'habileté nécessaire pour le conduire ; mais les querelles variées et sans cesse renaissantes entre ceux qui vouloient diriger le pouvoir et qui n'ont pu s'entendre sur la manière de le diriger, n'ayant produit, jusqu'à l'année 1820, que des combats sans victoires décisives, il est incontestable que, jusqu'à cette époque, si nous avons eu toute l'agitation qui naît naturellement de semblables disputes, nous avons aussi acquis toute l'expérience qui devoit en résulter. Telle est la part de la France dans ces mémorables débats. Tous les partis ont combattu contre ses libertés ; tous les partis ont combattu pour ses libertés. A chaque espérance de triomphe, ceux qui étoient unis pour combattre, se sont divisés sur l'espoir du partage. La soif des places, qui est une des plaies de l'Etat, est heureusement si grande de tous les côtés que, comme il est impossible qu'il y en ait pour tous les vainqueurs, il est impossible aussi que la division ne s'établisse pas dans tout parti qui approche de la domination. Les circonspects ont menacé tous les ministères, parce qu'ils se croient ministres de droit; mais ils ont soutenu tous les ministères, parce qu'à la veille de la chute de ceux qu'ils poursuivoient, ils ont senti que la chance n'étoit pas en leur faveur; ils ne craignent rien tant que l'élévation d'hommes forts de talens et d'estime publique, et qui par conséquent n'auroient besoin, pour se soutenir, ni d'intrigues, ni de condescendance. C'est ainsi que les libertés, proclamées par la Charte, ont eu le temps de s'établir dans les esprits, sans en avoir l'obligation à aucun parti. L'ordonnance du 5 septembre les avoit déclarées en danger; elles n'y étoient pas; la nouvelle loi d'élection a déclaré, cinq ans plus tard, que c'étoit la monarchie qui étoit en péril. Y étoit-elle, et pourquoi? Cette question ne peut être traitée spécialement. Puisqu'on a proclamé que le salut du trône et le maintien de la civilisation en Europe dépendoient des élections de 1820, il suffira d'examiner comment elles se sont faites, quelle majorité elles ont amenée, et s'il est possible, dans un gouvernement représentatif, qu'il y ait une majorité fixe autre que celle qui prendroit sous sa protection la plus grande somme des intérêts fondés. Quoique la mode soit aujourd'hui de ne voir dans le monde que des opinions, qu'on se persuade bien qu'on ne représente jamais pour des opinions, que les députés ne représentent que pour des intérêts, et qu'ils ne peuvent avouer que les doctrines en rapport avec le gouvernement établi. Ce qui n'est pas cela, n'est rien, du moment que la publicité des débats donne des juges à ceux qui discutent.

CHAPITRE VI.

Seul résultat durable que pouvoit avoir un changement dans la loi d'élection.

En gardant la loi des élections faite en 1817, on étoit bien sûr d'avoir enfin une majorité fixe, car les royalistes et les ministériels, qui s'en alloient chaque année par cinquième, ne revenoient que dans des proportions toujours décroissantes. La majorité, devenue incontestablement libérale, auroit produit un ministère composé d'hommes pris dans son sein et dans ses principes, mais non parmi ceux qui en poussent les conséquences à l'extrême, parce que cela n'arrive jamais ainsi tant qu'il existe un Roi et une Chambre des Pairs. Nous avons conservé, des temps où il n'y avoit qu'une assemblée politique, le préjugé qu'une Chambre peut tout ce qu'elle veut, quoiqu'il soit historique que, depuis la création du Directoire, ce qu'on appelle le pouvoir exécutif a toujours battu ce qu'on appelle le pouvoir législatif. Mais enfin l'idée d'une majorité se fixant dans le parti libéral ne convenoit ni aux royalistes, ni aux ministres, ni à la France raisonnable qui ne veut de la domination d'aucun parti. En voici la raison qu'on ne peut trop méditer : *Tout parti, qui auroit établi sa domination, asserviroit la royauté pour la diriger à son profit ; la France entière sait que la royauté n'est bonne qu'autant qu'elle est libre ; alors seulement on peut affirmer qu'elle n'a pas d'intérêt qui ne se confonde dans l'intérêt général ; dans le cas contraire, elle ne sert qu'à écraser ce qu'elle ne peut plus protéger.*

Dans tous les temps et dans tous les pays, quand on veut faire de grands changemens politiques, il est d'usage de crier que l'Etat est en péril ; on n'entendoit pas autre chose à Rome, soit de la part des tribuns, soit de la part du sénat.

Pour changer la loi des élections, il fut donc décidé que la monarchie étoit en danger, ce qu'on devroit éviter de répéter trop souvent dans un pays qui a admis l'action nécessaire des trois pouvoirs de la société. Si la Chambre des Députés devenoit par trop libérale, et que le Roi et la Chambre des Pairs, unis à la partie calme de la nation et appuyés sur la force publique, fussent hors d'état de contenir la Chambre des Députés, à quoi se réduiroit notre constitution ? L'inconvénient seroit le même si la Chambre des Députés, par d'autres principes que ceux du libéralisme, se montroit opposée à la conservation des lois fondamentales de l'Etat; de sorte qu'en laissant former une majorité, il y auroit toujours motif de crier au péril. Cela n'est pas, cela ne peut pas être. La majorité d'une Chambre de Députés ne pourroit disposer du sort de l'Etat que chez une nation qui n'auroit ni Roi, ni Chambre des Pairs, ni force publique, ni doctrines dominantes; et, aux doctrines près, nous n'en sommes pas là.

Mais enfin quand on a marqué un but, et qu'on veut se faire suivre par la multitude, on donne à ceux qu'on appelle, non les raisons qu'ils ne comprendroient pas, mais les émotions qui les mettent en mouvement. Les dangers de la monarchie furent mis à l'ordre du jour; et il fut convenu qu'il falloit changer la loi des élections de manière que les libéraux fussent en moindre nombre à la Chambre, et les royalistes en plus grand nombre. On pouvoit arriver à ce résultat à moins de frais, si toutes les intentions, pour rentrer dans un système plus monarchique que celui qu'on suivoit depuis cinq ans, eussent été droites et désintéressées.

Les ministres avoient pour principal objet de rester en place ; ils y sont ; les royalistes de reprendre de l'ascendant ; ils en ont ; mais la France impartiale avoit aussi ses motifs. Elle vouloit enlever aux libéraux une domination dont on pouvoit craindre l'abus, et replacer les royalistes à la tête des intérêts fondés, afin que ces intérêts se réunissent franchement à la monarchie par la direction qui leur seroit donnée, et que de cette union il sortît une nation aussi forte dans les mains du gouvernement, qu'elle l'est en effet dans tout ce qui ne dépend ni du gouvernement, ni de l'administration. Les royalistes ne comprirent pas du tout cette situation ; ils ne sentirent pas que l'unique moyen d'être à la fois forts contre le ministère et contre l'esprit de la révolution, consistoit à prendre sous leur protection les libertés publiques et la plus grande masse possible des intérêts positifs.

Cependant, partout où la constitution admet des assemblées qui délibèrent publiquement, la première chose dont une nation s'inquiète est de savoir quels intérêts chaque parti, formé dans ces assemblées, prend sous sa protection. Les opinions, qui paroissent si importantes aux personnes qui n'ont qu'une connoissance superficielle des affaires , ne sont, pour les habiles , que des apparences. Les choses ne sont pas considérées autrement en Angleterre , non parce que les Anglais ont plus d'habitude que nous des affaires , mais parce qu'ils n'ont jamais cru que la forme du gouvernement changeât le fond de la politique et la nature de l'esprit humain.

Aucune majorité ne tombe en minorité, aucune minorité ne devient majorité, parce que ceux qui composent la majorité ou la minorité changent d'opinions, mais parce que les intérêts d'une nation ne sont pas toujours les mêmes à toutes les époques. La position de la minorité l'oblige d'étudier avec un soin extrême les besoins dominans, et à les produire publiquement assez vite pour que la majorité tombe dans le piége en défendant, par des idées d'autrefois, des choses qui n'existent plus telles qu'elles étoient, et qui ont fait place à de nouvelles combinaisons. Ainsi le ministère anglais vient de se sauver des fautes qu'il a faites à l'occasion du procès de la Reine, en rappelant les services qu'il a rendus à l'Europe lorsqu'il l'a soustraite à la domination de Buonaparte. Mais si une autre domination menaçoit la liberté de l'Europe, le ministère anglais

perdroit l'éclat de ses services passés et tomberoit devant l'opposition, à moins qu'il ne fût
assez habile pour se placer le premier à la
tête des nouveaux intérêts de l'Angleterre. De
même, en France, un parti qui auroit été appelé pour rompre, dans la Chambre, une
majorité présentée comme pouvant mettre la
monarchie en péril, tomberoit en discrédit si,
l'idée de ce danger effacée, il ne répondoit plus
à aucun autre besoin public.

Si la majorité ne représentoit que l'ensemble
des opinions d'une partie des députés, opposé
à l'ensemble moins considérable des opinions
d'une autre partie des députés, qu'est-ce que
cela feroit à la France? Où il n'y auroit que
des opinions, il suffiroit donc de fermer la
Chambre, de ne plus discuter publiquement,
de ne rien mettre aux voix, pour que tout le
monde fût d'accord? Qui oseroit dire cela à
une époque où on voit tant de soulèvemens
politiques éclater en Europe, avant qu'il y ait,
dans les pays soulevés, une tribune, des délibérations publiques et des appels nominaux? Le
silence ne change rien aux intérêts; ceux qui
sont forts restent forts; ceux qui sont foibles
restent foibles. *La sûreté des gouvernemens repose toujours sur leur habileté à*

s'unir aux intérêts forts, et à ménager les intérêts foibles comme une ressource qu'ils peuvent grandir, afin de l'opposer aux premiers, s'ils craignoient d'en être dominés. Il n'y a jamais eu d'autre politique loyale ; et nos Rois l'ont employée avec succès dans les temps passés, pour se dégager de ce qui nuisoit à leur pouvoir.

Les intérêts de la société s'étant compliqués avec le développement de la civilisation et l'accroissement des richesses, dès lors les institutions silencieuses n'ont plus suffi aux gouvernemens pour qu'ils pussent apprécier la force, la foiblesse et les variations des diverses situations sociales. On a senti l'avantage d'ouvrir aux intérêts une délibération publique afin de les connoître, de pouvoir les saisir, et de donner ainsi aux souverains la certitude d'agir en pleine connoissance. Si les députés ne font combattre que leurs opinions, le Roi saura bien quelles sont les opinions personnelles des députés ; mais quelles lumières cela lui portera-t-il pour régler les intérêts de la France ?

Une majorité n'est et ne peut être que la partie de l'assemblée qui représente les intérêts dominans des pays, qui les prend sous sa protection, qui les défend avec succès. Ce n'est qu'à cette condition qu'on devient majorité quand on ne l'est pas, qu'on reste majorité quand on l'est. En France, nous n'avons encore vu la majorité tomber en minorité que par une ordonnance, et cette minorité redevenir majorité que par un changement dans la loi des élections; nous n'avons donc pas une expérience qui nous soit propre. Mais, en Angleterre, les majorités et les minorités ont vingt fois changé de parti, quoique la manière d'élire soit toujours restée la même; et aucune majorité ne s'est soutenue qu'autant qu'elle a répondu à la plus grande masse des besoins. Cette vérité frappera les députés qui ont du talent lorsque, de retour chez eux, ils chercheront les causes de la nullité d'une session annoncée comme devant produire des miracles. Mais qui pouvoit réfléchir à la suite du mouvement donné pendant les élections! Le ministère, les journaux, les circonspects, les royalistes crioient à la fois qu'elles étoient admirables; on auroit lapidé quiconque alors se seroit permis de dire que de bonnes opinions ne sont pourtant que des opinions, et qu'il faut quelque chose de plus pour acquérir de l'influence sur les destinées de son pays. Quand le moment d'ouvrir la session approcha, on fit des calculs, on pesa les hommes, et le

résultat de cette double opération fut un aveu
général que la majorité n'étoit ni à droite, ni
à gauche, ni au centre, ni au ministère. Dès
que la possibilité d'une domination n'étoit nulle
part, on devoit s'attendre que les craintes, les
négociations, les intrigues seroient partout; on
se mit donc à négocier; mais l'étourdissement
donné par la manière dont on avoit proclamé
le triomphe des royalistes dans les colléges électoraux se prolongea; tous les partis étoient déjà
frappés de leur foiblesse, que les circonspects
s'agitoient encore pour recommander la modération à des députés à qui tout est indifférent
pourvu qu'ils soient députés, et la prudence à
des hommes qui ne se sont jamais brouillés avec
les événemens.

CHAPITRE VII.

De l'alliance par les doctrines, et de l'alliance par les hommes.

Si on pouvoit comparer notre Chambre des Députés, qui n'est pas encore très-historique, aux personnages fameux dont l'histoire nous a transmis le souvenir, il seroit facile de montrer que l'alliance des partis, par les hommes qui les conduisent, n'a jamais rien produit de bon. Aussi est-ce sans étonnement qu'à la fin de la session on a vu des députés monter à la tribune pour déclarer à MM. Villèle et Corbières que leurs amis leur resteroient fidèles, parce que, si leur présence au ministère n'avoit pas fait de bien, du moins elle avoit empêché le mal. Ceci n'est pas rassurant pour la France à laquelle on apprend qu'il ne s'est pas fait de bien, ni poli pour les autres ministres qui restent en prévention d'avoir voulu faire du mal; moi je suis convaincu qu'une alliance qui ne reposoit pas sur des doctrines a produit et n'a pu produire que du désordre. L'union d'Auguste, d'Antoine et de Lépide n'étoit forte que pour détruire; quand le parti de Pompée fut dissipé, l'union se brisa naturellement, et il fallut que, des trois associés, deux fussent écrasés avant qu'on pût quelque chose pour le repos général. Quel sera l'heureux Auguste dans l'association qui s'est formée entre les anciens et les nouveaux ministres?

Les Girondins et les Montagnards s'unirent pour renverser la royauté; aussitôt que le crime commun fut accompli, les Montagnards se pressèrent d'envoyer les Girondins à l'échafaud, pour que les Girondins ne les y envoyassent pas.

Buonaparte, revenant d'Egypte, fit aussi alliance avec les hommes marquans de tous les partis qui s'étoient formés pendant la révolution; il n'en étoit pas un qui ne le regardât comme un instrument propre à servir ses desseins; il les asservit tous.

Pour s'opposer à un parti prêt à dominer, il suffit aux autres partis d'être mûs par une égale ambition; mais, pour entrer dans un système politique, pour l'établir et le conserver d'un commun accord, il faut être uni par des doctrines.

Ce n'est pas la première fois que les royalistes de la Chambre, en essayant d'attirer à eux les ministériels, sont tombés à leur merci.

A l'ouverture de la session de 1818, le côté droit, dirigé par MM. Villèle et Corbières, forma le projet d'exclure M. de Serre de la présidence ; il sembloit que la monarchie étoit perdue, si M. de Serre étoit nommé président. Pourquoi les royalistes lui en vouloient-ils alors ? On ne pourroit se le rappeler aujourd'hui qu'il est un des ministres qui paroît leur convenir davantage ; et cette observation suffiroit seule pour montrer combien sont passagères les alliances et les dissidences formées par des préventions pour ou côntre les hommes. Afin d'éloigner M. de Serre, des partis jusque alors divisés s'entendirent ; on parvint à former une majorité de quatre voix en faveur de M. Ravez ; M. de Serre ne fut pas président, mais il fut ministre. Le lendemain, les partis reprirent chacun leur position ; c'est tout ce qui résulta d'un rapprochement dans lequel les doctrines n'avoient été pour rien.

Il y a loin du désir de dominer à un système de domination, au talent nécessaire pour le créer, l'établir ou le conserver. Si les circonspects s'élevoient un moment, leur chute suivroit aussitôt. On les a entendus dire, selon les circonstances, qu'il falloit tout conduire par les opinions, par la force, par les tribunaux, par la religion ; ils demandent successivement des secours à tout ce qui est puissant ; ce qui prouve bien qu'ils ont besoin de quelque chose de puissant, et ne prouve pas du tout qu'ils sauroient en faire usage.

Si on passoit en revue les décompositions et les recompositions du ministère depuis le retour de l'autorité légitime, on sentiroit combien il est impossible que l'union des hommes s'établisse d'une manière utile à l'Etat, autrement que par l'accord des principes. Nous avons vu des ministres se chercher pour écarter un danger qui leur paroissoit commun, se séparer par les conséquences de la victoire ; de nouvelles circonstances rapprochoient ceux qui s'étoient divisés, divisoient ceux qui s'étoient réunis ; et comme aucun système avoué ne lioit le ministère à l'opinion publique, il n'étoit pas rare non plus de voir la France hâter de ses vœux la retraite de ceux qu'elle avoit appelés, et regretter ceux dont elle avoit désiré le renvoi. Ces fluctuations accusent l'absence des véritables conditions par lesquelles se forment les alliances dans les gouvernemens représentatifs.

Lorsque des partis jusqu'alors divisés veulent se rapprocher, il ne suffit pas qu'ils disent que leur intention est de sauver la monarchie.

Aucun parti ne convient qu'il l'a mise en péril, quoique tous les partis s'en soient réciproquement adressé le reproche. C'étoit, a-t-on dit, pour sauver la monarchie qu'on a fait l'ordonnance du 5 septembre; et, pour la sauver encore, qu'on a changé la loi des élections. Comme les mêmes mains ont travaillé dans les deux sens, que les mêmes hommes ont participé à tout ce qui causoit le danger et faisoit le salut de l'Etat; comme rien n'est plus dangereux dans l'opinion et n'accuseroit davantage l'administration que l'idée perpétuelle de l'instabilité du gouvernement, les royalistes devoient se refuser à toute alliance fondée seulement sur une nécessité malheureuse. S'unir pour sauver son pays, déclaré en danger, n'est pas une doctrine, ce seroit un devoir; mais c'est par l'accord des doctrines qu'on parvient à s'entendre sur les meilleurs moyens de le remplir. L'entrée d'un ou de plusieurs royalistes au ministère ne donnoit aucune garantie que le système ministériel seroit modifié; et c'étoit aussi descendre trop bas que de s'imaginer qu'en suivant un homme, on pouvoit se dispenser de maintenir les principes qu'on avoit jusqu'alors professés; c'étoit pousser trop loin le mépris pour le ministère que de croire qu'il renonceroit au projet d'établir à son profit le despotisme par l'administration, parce qu'on l'auroit mis en surveillance devant deux députés tirés du côté droit de la Chambre. Si ces deux députés, pour s'ancrer dans le ministère, entroient dans un système que les royalistes avoient jusqu'alors combattu, il devoit en résulter une division entre les royalistes, par conséquent un affoiblissement qui compenseroit, et au-delà, les avantages qu'ils avoient obtenus par la loi nouvelle d'élections. Je sais que les grands politiques de nos jours, prenant leur caractère pour base de toutes les combinaisons, disoient qu'il falloit être souple pendant la session, ne rien disputer au ministère, afin de l'avoir encore une fois pour appui dans les colléges électoraux, et qu'il seroit temps de s'expliquer quand on auroit la majorité. Cette raison des forts est positivement la raison qui séduit le moins l'opinion publique ; ceux qui attendent, pour avoir raison, qu'ils soient les plus nombreux, risquent beaucoup de ne le devenir jamais ; les événemens viennent toujours déranger ces petits calculs politiques dont la moindre niaiserie est d'être débités publiquement, et d'autoriser des trahisons dont on se plaint ensuite comme si on n'avoit eu soi-même que les procédés les plus francs et les intentions les plus droites. Pendant toute cette session, je n'ai rencontré que des gens qui s'accusoient ; j'ai cru tout ce qu'on m'a dit.

Les royalistes et le ministère s'étoient unis pour combattre les libéraux et emporter un changement dans la loi des élections ; cela se conçoit ; mais chacun devant naturellement reprendre sa position, ses projets, ses préventions après la victoire, si on vouloit continuer à marcher d'accord, il falloit nécessairement faire un traité complet, et ce traité devoit avoir pour but de modifier le système du ministère, afin de ne pas s'exposer à le renverser violemment pour se jeter dans un système opposé. Les secousses sont toujours dangereuses quand les partis ont encore toute leur activité. Nous en avons un exemple mémorable dans les lois et dans les doctrines qui ont suivi l'ordonnance du 5 septembre. Le ministère, qui l'avoit provoquée, tous les ans obligé de se décomposer lui-même, devoit finir par tomber devant les conséquences d'un système brusquement opposé au système qui avoit prévalu jusqu'alors. Après cinq années d'essais malheureux pour former une administration qui eût de l'ensemble, et une majorité qui eût de la constance, il a fallu casser l'ordonnance du 5 septembre dans sa partie principale, et reporter la Chambre des Députés au même nombre qu'elle avoit avant cette mesure, afin d'échapper au danger qu'on avoit si imprudemment provoqué. Jamais les hommes qui aiment leur pays et qui entendent la politique applicable après les révolutions, ne conseilleront ces reviremens de partis qui, bien que faits constitutionnellement, ont des conséquences plus fatales que ce qu'on appeloit autrefois des coups d'Etat. Il faut plus de talent pour réparer des fautes en politique, que pour ne pas en faire.

Quoique une Chambre offre toujours deux grandes divisions qu'on appelle majorité et minorité, toute majorité et toute minorité se divisent en elles-mêmes sur des points d'une haute importance. Beaucoup de membres de la majorité ne sont pas liés au pouvoir jusqu'à l'approuver dans l'excès ou dans la foiblesse de ses volontés; beaucoup de membres de la minorité ne sont pas opposés au pouvoir jusqu'à l'attaquer dans ce qui l'affoibliroit aux dépens de la tranquillité publique. De ces nuances d'opinions qui varient comme les intérêts secondaires de la société, résulte la possibilité de voir s'affoiblir ou s'augmenter la majorité et

la minorité sans que le ministère change totale-
ment, et par conséquent sans qu'on expose
l'Etat au danger de passer brusquement d'un
système d'administration à un système contraire. Ces modifications s'opèrent par des alliances entre les opinions qui ne sont pas
extrêmes; selon les besoins, les partis se rapprochent dans ce qu'ils conçoivent de même :
c'est donc toujours sous la bannière des doctrines que les hommes s'unissent.

En Angleterre, on ne comprendroit jamais
qu'un membre du parlement renonçât aux opinions qu'il a publiquement professées; s'il est
appelé au ministère, il les conserve, il doit
les conserver, puisque ce n'est qu'à cette condition qu'il porte à ses nouveaux collègues les
voix de tous ceux qui marchent avec lui. C'est
ainsi que, dans la grande question de l'éman-
cipation des catholiques, on a vu des ministres
soutenir la proposition, des ministres la combattre, sans qu'il y eût entre eux la moindre
division sur le système général de l'administration. Chaque ministre garde, sur des questions particulières, l'opinion qu'il avoit émise
avant d'être appelé au ministère; sa réputation
y est intéressée. Quelle confiance une nation
pourroit-elle avoir dans un homme public qui

changeroit d'opinions selon les circonstances dans lesquelles les événemens le placeroient, lorsque, dans la vie privée, cette flexibilité est regardée comme une foiblesse d'esprit ou comme un vice de caractère ?

Sans doute il importoit à la tranquillité de la France, à la bonne foi des royalistes, alors même qu'ils auroient formé la majorité, de ne pas renverser le ministère avec lequel ils avoient fait alliance pour affoiblir le parti libéral ; mais la modération des royalistes ne pouvoit être politiquement bonne que sous la condition expresse que le ministère ouvriroit la session par une déclaration franche des principes qu'il vouloit suivre, afin que la France connût bien que les opinions se rapprochoient dans ses intérêts, et non qu'elles se dissimuloient dans des vues particulières. Après cette déclaration, le ministère auroit pu s'adjoindre un ou deux députés du côté droit, sans faire naître le soupçon que cette adjonction lui étoit imposée, qu'elle ne s'opéroit pas complètement, et qu'ainsi elle étoit peu honorable : après cette déclaration, un ou deux députés du côté droit auroient pu entrer au ministère, sans être soupçonnés de penser à eux plus qu'au parti dont ils avoient jusqu'alors défendu les doctrines, et sans s'exposer au danger qui accompagne presque toujours les démarches long-temps livrées aux interprétations, et qui ne se justifient que par le succès. Par une déclaration publique, les opinions se seroient rapprochées dans ce qu'elles ont de commun; on auroit ajourné les causes de rupture en marquant avec loyauté les questions qu'on n'agiteroit pas; la France auroit compris cette marche, et y auroit applaudi. Les arrière-pensées, les sous-entendus disparoissoient aussitôt; la majorité et la minorité se fixoient d'une manière positive; non seulement cette session auroit produit une partie du bien qu'on en attendoit, mais elle auroit donné des garanties pour les améliorations qu'on n'auroit pu tenter.

Si le ministère n'avoit pas consenti à une déclaration publique de principes, s'il avoit refusé d'accepter les conditions indispensables dans toute alliance entre des partis et des opinions jusqu'alors divisés, les royalistes devoient hautement mettre sur son compte les conséquences d'un changement brusque dans l'administration, l'attaquer et le renverser. Rien n'étoit plus sûr et plus facile; on peut affirmer que le ministère ne s'y seroit pas exposé. Après sa rupture éclatante avec les

6.

libéraux, après les accusations qu'il avoit portées contre eux à la face de la France et de
l'Europe, le ministère ne pouvoit pas se soutenir un moment si les royalistes avoient ouvert
la session en le repoussant, et en disant, devant la France et l'Europe, pourquoi ils le
repoussoient. Il étoit noble de pouvoir offrir
oubli pour le passé, et de n'accuser que le
refus de garantie pour l'avenir.

Pour comprendre combien il étoit utile de
commencer par exiger du ministère une déclaration de principes, il suffira de rappeler qu'au
nom de ses collègues, M. le ministre de l'intérieur, dans le dernier mois de la session,
a fait une déclaration mortelle pour le côté
droit de la Chambre. Non seulement il a défendu le système constamment suivi par le
ministère, mais il a pris l'engagement solen-
nel de ne pas en changer.

Si l'alliance s'étoit faite par des doctrines,
les royalistes n'auroient pas été exposés à cet
affront, et la France ne seroit pas stupéfaite
d'apprendre qu'elle est destinée à n'avoir que
des ministres disposés à s'unir successivement
à tous les partis pour éviter d'administrer
dans le sens des libertés publiques. Mais l'alliance s'est faite par les hommes, elle n'a pro-

duit que des résultats incertains comme les espérances de ceux qui l'ont contractée ; elle a été sans profit pour la France, peu honorable pour les députés royalistes qui ont abandonné les principes de liberté qu'ils avoient long-temps défendus, tandis que le ministère se vante de n'avoir fait aucune concession. Ce n'en est pas une que l'entrée de MM. Villèle et Corbières au Conseil, dès que cette opération servoit à diviser les royalistes, et qu'elle donnoit aux anciens ministres les moyens d'ouvrir et de clore la session, sans même avoir pris un seul engagement qui pût les lier dans l'avenir.

Ce qui m'empêche de louer l'habileté que le ministère a déployée pour soumettre ceux qu'il avoit tant offensés, et qu'il devoit craindre, c'est l'idée où je suis que beaucoup de royalistes ne demandoient qu'à être trompés, pourvu qu'ils se rapprochassent du pouvoir ; ils n'ont vu dans la position où se plaçoient MM. Villèle et Corbières qu'un prétexte pour eux de solliciter et d'accepter des faveurs. En 1815, bien des députés ne se sont attachés au côté droit, que parce qu'ils ont cru que le côté droit l'emporteroit et disposeroit du pouvoir ; cinq années de regrets les avoient préparés à toutes les transactions ; et si le ministère leur permet dorénavant d'avoir une opinion indépendante sur les choses indifférentes à la marche de l'administration, le ministère les conservera à sa suite, même lorsque MM. Villèle et Corbières se retireroient. Sans doute les ministres auroient pu être embarrassés des royalistes qui n'avoient pas d'avance pris la ferme résolution d'être trompés ; mais il est probable que cette fois encore ils se sont laissé diriger par les circonspects ; or, tant que les circonspects conduiront les royalistes, il n'est pas de ministère qui doive les craindre, ni qui puisse les satisfaire.

CHAPITRE VIII.

Négociations et position des choses au moment de l'ouverture
de la Session.

C'est une règle sans exception en France que
personne ne consent à être du parti qui manque
d'esprit ; aussi n'est-il pas rare d'y voir les
hommes qui se sont le plus engoués des projets qui n'ont pas réussi, être les premiers à
s'affranchir, par des sarcasmes, de la honte
d'avoir admiré ; de sorte qu'il ne se trouve plus
à la fin que quelques bonnes gens pour servir
de plastron au ridicule qui, quelques mois
plus tôt, étoit un objet général d'enthousiasme.
Il en sera probablement ainsi de l'idée singulière qui fit proclamer que la monarchie française étoit en danger, et que son salut dépendoit
d'une Chambre délibérante qui n'a pas l'initiative, qui est balancée par une Chambre des
Pairs, qui doit attendre son mouvement d'un
ministère qu'elle n'a pas adopté, et cela dans
un pays gouverné par un Roi universellement
renommé par ses connoissances politiques, et
disposant de toutes les forces d'un Etat appuyé

sur un budget de neuf cents millions. Et quand on se rappelle que cette Chambre avoit été flattée non seulement de l'espoir de sauver la monarchie française, mais encore du noble privilége d'affermir la civilisation de l'Europe, on cherche ce qu'elle a fait, et on rit; car il est impossible de ne pas voir qu'elle n'a rien fait positivement parce qu'on l'avoit entourée d'illusions qui, l'ayant détournée du possible, l'ont empêchée de connoître sa destination, et d'y répondre.

Les royalistes, qui ont cru qu'une Chambre de Députés pouvoit sauver la monarchie française et la civilisation de l'Europe, devroient singulièrement aimer le gouvernement représentatif; ils s'en font une idée qui surpasse ce que la flatterie a prêté de plus grand au pouvoir absolu. Nous autres Français de l'intérieur, qui ne sommes pas royalistes par état, mais par conviction; nous qui avons tant vu d'assemblées délibérantes, qui savons comme on les fait selon les temps; nous qui avons lutté contre elles à nos risques et périls, et qui pensons qu'alors nous défendions le bon sens plus encore que la monarchie, nous sommes convaincus que, dans l'état présent de la civilisation, les assemblées délibérantes sont d'une utilité majeure tant qu'elles se bornent à défendre les intérêts mis constitutionnellement sous leur protection ; mais que aussitôt qu'elles voudroient faire de la politique de gouvernement, et plus encore de la politique européenne, elles seroient détestables. Depuis trente ans, les exemples ne nous manqueroient pas pour justifier nos sentimens à cet égard ; et les assemblées royalistes ne seroient ni moins folles, ni moins dangereuses que les assemblées révolutionnaires , si elles se croyoient destinées à réformer le monde.

L'esprit en politique consiste à renfermer ses projets dans le possible ; aussi les députés qui avoient de l'expérience , oublièrent un peu le salut de la monarchie, beaucoup le salut de la civilisation de l'Europe, et se mirent à négocier pour eux , tandis que les députés nouvellement arrivés de province s'enquéroient partout comment on les emploîroit au grand œuvre pour lequel on les avoit appelés. S'ils répétoient ce qu'ils avoient appris dans *le Conservateur*, on leur disoit confidemment que tout étoit changé ; que les vérités ne servent à aucun parti pour plus d'une année ; on leur conseilloit de s'expliquer avec modération sur les hommes et sur les choses, parce que les choses ont plusieurs faces selon le point où on se met pour les considérer, et les hommes plusieurs opinions dont quelques unes se trouvent toujours applicables aux circonstances. Ces pauvres députés se le tenoient pour dit, tomboient dans la modération ; mais bientôt on leur reprochoit de manquer de fermeté, d'abandonner les principes qui faisoient la force et la gloire du parti ; c'est qu'alors la négociation avec le ministère allant mal, on croyoit avoir besoin de tenir les esprits en exaltation pour attaquer le ministère. A force de modérer et d'exalter les nouveaux élus, on jeta tant d'incertitudes dans leurs pensées, qu'on les amena à prendre un homme pour leur conscience, à le suivre partout où il les conduiroit, sans même oser demander où il vouloit les conduire ; et on leur assigna une société où ils pourroient aller le soir apprendre ce qu'ils devoient penser le lendemain. Comme la grande négociation n'avançoit pas, bien des gens se jetèrent dans de petites négociations particulières ; et le ministère comprit fort bien que plus les négociations se multiplioient, plus il lui devenoit facile de laisser espérer et de ne rien accorder. Dans ces pourparlers, on s'engage toujours un peu plus qu'on ne croit ; pour peu qu'on ait d'honneur, on se trouve même plus engagé qu'on ne l'est réellement; on hésite à attaquer des ministres avec lesquels on avoit encore des relations de confidence quelques jours avant; et quand on a trop cédé pour que la résistance paroisse au public dégagée de tout ressentiment personnel, on se met à faire opposition. Il est trop tard.

D'ailleurs les hommes les plus désintéressés, en apprenant que tout le monde négocie, évitent de se prononcer; ils craignent le ridicule qui atteint la raison lorsqu'elle est solitaire; ils ne veulent point être accusés d'avoir fait avorter des projets annoncés comme ayant un assentiment général. Mécontens des autres et d'eux-mêmes, ils se découragent; et consentent à s'en rapporter à l'événement. Quand l'événement vient, les positions sont prises et les choses décidées. Les hommes véritablement politiques sont très-rares; la plupart ne savent marcher qu'avec un parti; à défaut de parti, on se jette dans les coteries où tout ce qui est grand s'affaisse, où tout ce qui est petit domine, où le salut même de la monarchie, si elle étoit sérieusement à sauver, ne seroit encore qu'une affaire d'intrigue et de commérage.

En retraçant la situation des esprits avant l'ouverture de la session, je suis loin de vouloir accuser les hommes qui ont eu de la prévoyance sans oser s'y fier, des bonnes intentions sans savoir qu'en faire. Cela se retrouve à toutes les époques où les partis finissent, où les passions tombent, où les esprits ne peuvent plus croire même aux illusions qu'ils cherchent à propager ; et nous en sommes-là nous qui formons la génération qui a vu s'accomplir tant d'événemens déclarés impossibles, qui a supporté tant d'essais politiques accueillis ou repoussés par des espérances et des dégoûts toujours trompés. Plusieurs députés d'ailleurs n'admettoient pas la grande négociation qui devoit mettre les royalistes à la disposition d'un homme, et ne se mêloient en rien des petites négociations qui s'ouvroient de tous les côtés. Remplis d'honneur, de talent et de caractère, ils vouloient s'en tenir à cette noble opposition si bien faite par les royalistes depuis l'ordonnance du 5 septembre, étant convaincus que les doctrines qui avoient tiré un parti de l'oppression pouvoient seules le soutenir. Ces députés se réunissoient entre eux sans mystère, sans exclusion ; ils inspirèrent de l'ombrage ; ce qui se concevra sans peine si on se rappelle que MM. Villèle et Corbières vouloient pouvoir entrer au ministère ou rester à la tête de l'op-

position royaliste, et même revenir à la tête
de cette opposition après être entrés au ministère, selon leur convenance personnelle. Pour
rompre la société des royalistes indépendans,
on employa tous les moyens à la disposition
des circonspects ; et comme ils ont toujours sur
les lèvres quelque chose de mystérieux qui n'est
pas sans influence, on réussit, mais sans que le
ministère s'en soit trouvé mieux à la fin de la
session ; ce qui le dispense de toute reconnoissance.

Il faudroit opter cependant entre aller avec
le ministère ou lui faire opposition ; la neutralité
est un ridicule, et les suspensions d'hostilités
tournent toujours au profit du pouvoir. Dans
un gouvernement où la publicité des débats est
admise, on ne peut faire opposition aux ministres sans adopter, sans proclamer hautement
les doctrines publiques du gouvernement. Céder
au ministère sur les grands intérêts, le contrarier sur de petites choses, et le provoquer en
paroles, c'est armer le pouvoir et l'irriter ; de
toutes les fautes politiques, il n'en est pas de
plus grande, témoin la Chambre de 1815 et ce
qui lui arriva.

En voyant les libertés publiques négligées
par la majorité, la France pourroit croire que

la majorité de la Chambre n'est pas constitutionnelle. Ce seroit une erreur. Un à un, les députés royalistes ne sacrifieroient pas la Charte ;
mais beaucoup ne savent pas s'en servir ; beaucoup aussi craignent de se nuire en la servant.
Quelque chose de vague bourdonne dans un
certain monde, et effraie certains esprits. Depuis trente ans, on a tant fait de sacrifices pour
ne pas penser comme des bourgeois, qu'on est
bien embarrassé quand il faut adopter des doctrines qu'on trouve un peu bourgeoises, quoiqu'elles n'aient jamais été mieux comprises et
mieux défendues en Europe que par la haute
aristocratie anglaise. Deux ou trois hommes se
tirent de cette difficulté, en déclarant qu'ils ne
se sentent pas nés pour être dupes, et qu'ils
sont persuadés qu'on n'a de force dans un système donné qu'autant qu'on en admet les conséquences avec franchise ; mais le privilége d'une
pareille déclaration n'appartient qu'à ceux qui
ont de l'esprit, et ont fait preuve de courage
politique ; ce qui est rare.

Tandis qu'on négocioit, qu'on hésitoit, que
les espérances et les craintes étoient encore
égales de tous les côtés, un homme qui tient à
la Charte parce qu'elle a été jurée par tout ce
qu'il y a de grand dans l'Etat, et qu'il n'admet

pas qu'on puisse être à la fois grand et par-
jure ; un homme qui a assez bien servi la légitimité pour pouvoir aimer les libertés sans
craindre de passer pour révolutionnaire ; un
homme qui, en résistant aux folies de l'usurpation, a peut-être appris à mépriser les fantai-
sies du ministère ; un homme unique dans son
siècle, puisqu'il croit à tout ce que les autres
font semblant de croire, et que, trahi sans
cesse par l'énergie de ses sentimens, il s'imagine toujours que la sottise, l'intrigue, l'ingratitude, qui sont la règle, ne sont que l'exception, le général Donnadieu alloit partout
portant ses conseils qu'on ne comprenoit pas,
sa sincérité qui faisoit peur, et ses remontrances
qui humilioient. Étonné qu'on essayât de le
comprendre dans les engagemens pris par les
autres, étonné qu'on n'acceptât pas les engagemens qu'il proposoit, il ne pouvoit deviner
pourquoi ceux qu'il avoit vus si souples quand
ils avoient peur, étoient tout à coup devenus
les guides des braves, ni pourquoi le talent
recevoit des ordres de la nullité. Si jamais le
courage, la sincérité, l'indépendance ont été
un moyen de tourmenter ceux qu'on aime et
ceux qu'on déteste, personne plus que le général Donnadieu n'a su l'appliquer à ses amis et

à ses ennemis. Seul pendant les négociations, seul à l'ouverture de la session, blâmé de ce qu'il disoit par ceux qui l'avoient cent fois dit avant lui, écouté avec attention par la France qui, bien que dégoûtée de tout ce qui est passionné, admet pourtant la passion pour la vérité comme n'ayant rien de contagieux, le général Donnadieu s'est-il trouvé aussi isolé à la fin de la session qu'au commencement? Cette question mériteroit d'être examinée, parce qu'elle renferme de l'avenir.

Si les députés qui nous ont procuré l'insignifiante session de 1820 devoient se retrouver les mêmes pour la session de 1821, la France auroit la satisfaction de voir les partis se combiner autrement, et la majorité du côté droit, après avoir renvoyé dans le centre tout ce qui l'affoiblit, défendre le pouvoir et les libertés de manière à déconcerter le ministère et la révolution. Les petites considérations, les vagues espérances s'évanouiroient devant l'expérience acquise; les calomnies se trouveroient d'avance émoussées; on regarderoit la monarchie française et la civilisation de l'Europe comme sauvées; on se lieroit par des doctrines; enfin, on nous épargneroit de nouveaux combats entre le despotisme de l'administration buonapartiste,

le despotisme des circonspects, et le despotisme de la révolution, ne fût-ce que parce
que les batailles et les traités entre ces despotismes offrent maintenant plus d'ennui que de
danger. Les royalistes, qui ont du talent et
qui désirent lutter enfin corps à corps contre
ce qui survit de la révolution, s'empareroient,
dans la Chambre et dans l'opinion, des places
laissées vides par MM. Villèle et Corbières; et,
ministres ou non ministres, ces Messieurs ne
compteroient plus pour un parti. Il est donc
fâcheux que la Chambre ne soit pas quinquennale; il restera l'espoir des prochaines élections à tous ceux qui ont l'habitude de sacrifier le présent à un avenir qu'ils n'oseroient
eux-mêmes s'expliquer, et qui les embarrasse-
roit beaucoup si jamais il se réalisoit; il restera
au ministère ses influences dans les colléges
électoraux, ses négociations avec les nouveaux
élus; il restera à la révolution ce qui l'a toujours soutenue jusqu'ici, les fautes des partis
qui lui sont opposés, et tous les intérêts qu'ils
négligent de prendre sous leur protection.

Les majorités de nos Chambres ne seront
franchement constitutionnelles que lorsqu'il
n'y aura plus autre chose à faire; ce moment
approche; les préjugés et les prétentions nous

y poussent par les efforts mêmes qu'ils font pour nous en éloigner. Les circonspects fatiguent les hommes de cœur et de talent, le ministère les blesse, les ministériels les ennuient, le ton passionné des révolutionnaires ne paroît plus que ridicule; la France marche à ses destinées, heureuse de devoir à son Roi la proclamation de ses libertés, et la possibilité de les établir à son éloignement pour tous les partis. Cela n'étoit pas aussi clair au commencement de la session qu'à la fin; mais sept mois de délibération sans résultat, et d'injures sans profit, ont jeté quelque lumière sur notre véritable situation.

Quand on veut faire tourner long-temps des chevaux dans le même cercle, on leur bande les yeux; aussitôt qu'on leur rend le jour, ils s'arrêtent. A moins que le ministère ne trouve de nouvelles inventions pour persuader aux hommes raisonnables qu'ils sont passionnés, et les circonspects de nouvelles considérations pour décider les hommes de talent à se laisser guider par des sots, il est difficile qu'aucune autre session ressemble à celle-ci; aussi la raconterai-je rapidement afin d'éviter, s'il est possible, que l'ennui du sujet ne gagne et l'historien, et les lecteurs.

CHAPITRE IX.

Ouverture de la Session, 19 décembre 1820.

Jusqu'ici l'ouverture de la session s'étoit faite dans la Chambre des Députés. Aucune loi ne le prescrivoit; aucun motif ne pourroit être donné de cet usage, si ce n'est la commodité du local lorsqu'on se bornoit à choisir, pour cette cérémonie, entre la Chambre des Pairs et la Chambre des Députés. Les sessions ayant toujours été ouvertes par le Roi en personne, qui oseroit refuser au Roi le droit de choisir le lieu où il lui plaît d'assembler les pairs et les députés de France pour leur communiquer ses vues, et les exciter à le seconder dans les efforts qu'il fait pour assurer le bonheur de tous ? Nos lois se taisent sur les formes qui seroient suivies dans le cas où le Roi ne pourroit ou ne voudroit saisir cette occasion de se montrer, et de faire entendre des paroles toujours écoutées avec d'autant plus d'attention qu'elles partent de plus haut. En Angleterre, les ministres ouvrent la session, à défaut du Roi. En seroit-il de même en France ? Nous

7.

avons vu des Princes du Sang présider des colléges électoraux, et, sous beaucoup de rapports, nos mœurs et nos usages ne nous conduisent pas à imiter l'Angleterre dans ce qui tient
aux formes. Si les ministres ouvroient la session,
nos Chambres consentiroient - elles à se dépla-
cer ? et dès que l'une d'elles se déplace nécessairement quand l'ouverture des sessions se
fait à la Chambre des Députés, ne seroit-il pas
prudent de fixer une fois pour toutes quelque
chose à cet égard, afin d'éviter des sujets de
débats dont notre histoire offre assez d'exemples pour qu'on aille au-devant de la possibilité
de ces futiles et tristes altercations ?

Dans toutes les choses solennelles, il y a le
fond et les formes. Les formes ne sont pas indifférentes sans doute, puisque, dans tous les
temps, les peuples et les Rois ont attaché un
grand prix aux cérémonies publiques ; elles
sont, pour les souverains et les sujets, une occasion de se rapprocher; et l'on peut dire qu'il
manque quelque chose à la satisfaction de tous
lorsque la solennité des époques mémorables se
renferme dans les palais. La joie qui a éclaté
au moment où le Roi a paru dans la salle du
Louvre, indique assez quelle eût été la joie
générale si, comme les années précédentes,

Sa Majesté avoit pu se montrer en public. Mais enfin le Roi avoit ouvert la session lui-même ; et les détails donnés par les heureux spectateurs de cette cérémonie furent recherchés avec d'autant plus d'avidité qu'ils calmoient plus d'inquiétudes.

Lorsqu'on s'en tient à la théorie des gouvernemens représentatifs, on peut établir que les discours de la couronne sont l'ouvrage des ministres, et qu'il est permis de les discuter sans manquer au respect dû à l'autorité souveraine. Cependant aussi long-temps que les Rois s'adresseront directement aux assemblées, aussi long-temps qu'ils auront dans l'opinion des gens instruits la place du Roi qui nous gouverne, il sera difficile d'admettre qu'ils ne viennent exprimer que les pensées de leurs ministres.

Il ne m'a jamais paru nécessaire d'établir en France que les discours de la couronne soient l'ouvrage du ministère, parce que la France a pour elle l'exemple de ses parlemens qui ne regardoient comme sacrées les paroles du souverain que dans des cas qui ne sont pas applicables aux Chambres ; et qui, dans toutes les autres circonstances, savoient faire entendre la vérité sans manquer à la majesté royale, et sans admettre la supposition assez étrange que les Rois n'ont pas la conviction personnelle de ce qu'ils disent.

Les lois maintenant ne pouvant se faire que par l'accord des trois pouvoirs de la société, et toute proposition de loi devant être présentée par les ministres, les discours de la couronne indiquent seulement une tendance plus marquée vers un système politique intérieur et extérieur, et font prévoir la possibilité d'améliorations ou de charges nouvelles qu'il sera toujours temps de discuter lorsque les ministres viendront les offrir sous des formes positives. C'est cette tendance vers un système que les Français cherchent avec empressement dans les discours prononcés à l'ouverture des sessions. De grands événemens et un nouveau système électoral ayant répandu beaucoup d'espérances et de craintes, selon la disposition des esprits, la curiosité étoit vivement excitée. Comme il y a plus de profit à réfléchir sur les événemens accomplis que sur ceux qu'on espère, j'engage les lecteurs sérieux à revenir sur le discours du Roi et les adresses des Chambres, qu'ils trouveront à la fin du volume, comme dans l'histoire des précédentes sessions.

La session, tant annoncée comme devant pro-

duire des miracles , s'étant ouverte avec le
même ministère qui avoit clos la session précédente, l'amour-propre des ministres se trouvoit sauvé; et on ne sauroit croire combien
tous les ministres tenoient à cela. Aucuns ne
pouvoient se retirer en faveur de quelques députés du côté droit, sans autoriser le public à
conclure que ceux qui s'en alloient n'étoient
pas royalistes, que ceux qui restoient étoient
royalistes ; et quoique ce soit un bien grand
sacrifice que d'être ministre, ainsi que l'a dit
M. Pasquier, on s'y résout quand il s'agit de
l'honneur. Cependant il étoit nécessaire de ne
pas commencer les débats par une querelle possible avec la majorité probable; on devoit surtout éviter de faire rire les libéraux de la singulière union formée entre les royalistes et le
ministère. Une ordonnance du 21 décembre
nomma MM. Lainé, Corbières et Villèle, ministres secrétaires-d'Etat et membres du conseil
des ministres Malheureusement, tous les anciens
étant restés par égard pour leur réputation ,
les portefeuilles étoient pris; et, comme on le
disoit alors, les choses étoient trop avancées
pour faire une distribution nouvelle des affaires.
Devoit - on essayer de notables changemens
lorsque les Chambres étoient assemblées? lors-

qu'elles attendoient avec impatience qu'on les mît en mouvement pour sauver la civilisation de l'Europe? lorsque les bases du budget étoient arrêtées? Pour ne déranger ni les personnes, ni les choses, les nouveaux ministres eurent un titre et point de fonctions administratives, ce qui les mit dans une position fausse à l'égard du pouvoir, de leurs collègues, et même de la France qui désire que le nombre des ministres soit fixé, que leurs attributions soient réglées, et que quelque chose s'établisse par l'usage, afin que les arrangemens paroissent toujours faits dans l'intérêt général, et non dans des convenances particulières. Une monarchie où rien ne seroit stable dans ce qui attire les réflexions du public, ne ressembleroit ni au gouvernement représentatif, ni à la monarchie d'autrefois, mais à cet ancien régime qui a précédé la révolution, et dont la mobilité n'étoit que la préface de la révolution. En ayant l'air de s'adjoindre des députés alors chers au côté droit, l'ancien ministère étoit trop content de s'éviter une déclaration de principes pour s'arrêter à ce qu'en penseroit la France; de leur côté, les royalistes étoient trop joyeux de trouver ce moyen de sortir de la nécessité d'une opposition décisive, pour se montrer difficiles. Ceux qui vouloient compromettre MM. Villèle et Corbières pour être plus libres d'agir selon leur convenance personnelle, témoignèrent la plus grande joie; les fins du parti annoncèrent que ce n'étoit qu'un premier pas, mais qu'on verroit par la suite tout ce que l'esprit de M. Villèle pouvoit faire pour le succès de la cause générale. Les nouveaux ministres protestoient à leurs amis qu'ils sentoient l'inconvenance de leur position, que ce n'étoit pas pour eux qu'ils l'acceptoient, mais pour le bien de tous, et qu'on en auroit bientôt la preuve, si on continuoit à marcher aveuglément avec eux. Comme dans toutes les demi-mesures, on s'en remettoit à l'avenir des améliorations présentes; et, sauf quelques royalistes indépendans, chacun eut l'air d'être satisfait en public, et chacun en particulier s'en alloit demandant ce que cela vouloit dire.

Rien n'étoit plus clair cependant.

Le ministère et les royalistes s'étoient unis pour la nouvelle loi d'élection, et pour son résultat dans les colléges électoraux. Comme M. de Castelbajac, je suis convaincu que les royalistes n'avoient pas besoin du ministère pour être nommés, et même que des royalistes ont été nommés contre le vœu du ministère; mais, avec le ministère, je suis convaincu qu'il a aidé à

l'ensemble des nominations, et que les royalistes
ne l'ont pas trouvé mauvais. Les royalistes ,
comme parti, n'avoient donc rien à lui reprocher, rien à lui demander si ce n'est l'exécution
franche de la Charte; dès l'instant que ce n'é-
toit pas sur cela, et seulement sur cela qu'ils
insistoient, le ministère ne leur devoit rien que
ce qui pouvoit les faire aller à sa suite. Il est
ridicule de vouloir que des ministres choisissent
entre se trouver indépendans de tous les partis,
ou se livrer à un parti qui les renverseroit
aussitôt qu'il en auroit le pouvoir; mais quand
on les pressera franchement au nom des libertés
publiques, c'est alors que tout ce qu'il y a
d'obscur dans notre marche politique se dissi-
pera. Jusqu'à cette époque, les gens sensés,
sans approuver les moyens, ne trouveront pas
mauvais que les ministres contiennent ceux qui
aspirent à leur succéder ou à les diriger, en
éludant de prendre des engagemens de doctrines qui répondent à la plus grande masse
des intérêts.

« De nos jours, il n'est pas facile de tromper
» long-temps, a dit M. le prince de Talley-
» rand dans un excellent discours sur la liberté
» de la presse. Il y a quelqu'un qui a plus
» d'esprit que Voltaire, plus d'esprit que Buo-

» naparte, plus d'esprit que chacun des direc-
» teurs , que chacun des ministres passés ,
» présens et à venir; c'est tout le monde. S'en-
» gager, ou du moins persister dans une lutte
» où tout le monde se croit intéressé, c'est une
» faute; et, aujourd'hui, toutes les fautes poli-
» tiques sont dangereuses. »

La France rit des ministres qui croient aller au despotisme par le maintien du système administratif de Buonaparte, et qui ne s'aperçoivent pas qu'il ne reste plus que la carcasse de cette grande machine; l'esprit s'est envolé en entendant proclamer la Charte; mais la France trouve sa vanité blessée par les prétentions des circonspects; et, pour sauver sa vanité, elle soutiendroit le ministère sans la moindre hésitation. Il n'y a pas de danger, dans l'état où sont les choses, à laisser aller le système ministériel; il est usé. Il y auroit folie à souffrir l'établissement de tout autre système qui ne seroit pas favorable aux libertés. La France sait qu'il ne s'agit pour elle que d'attendre ; qu'indépendamment des volontés individuelles, le parti royaliste constitutionnel se formera comme tout ce qui est nécessaire à la société , par le mécompte de toutes les ambitions bien plus que par la pureté des sentimens.

CHAPITRE X.

Admission des Députés. Formation du bureau.

Nous établissons un gouvernement représentatif dans un pays qui n'a point de liberté locale,
dans un pays qui n'a long-temps marché que
par des préfets et des gens d'armes, dans un
pays où le nombre des hommes qui veulent
vivre du produit des contributions est aussi
grand que le nombre des contribuables ; dans
un pays où ceux qui sont payés forment une
nation convaincue de sa supériorité sur la nation
qui paie ; il n'est donc pas extraordinaire que
la main de l'administration se fasse sentir dans
tous les détails des élections, et qu'à l'influence
légale donnée au pouvoir par la nomination
des présidens de colléges, se joigne l'influence
hautement usurpée du ministère et de ses agens.
Depuis six ans, tous les ans on s'en plaint ; on en
donne même des preuves un peu scandaleuses :
mais comme le ministère forme un parti dans
tout collége électoral, que ce parti, quand il
ne peut rien pour lui, peut cependant beaucoup pour le parti auquel il s'unit, il arrive

nécessairement que les libéraux rient des reproches faits aux agens ministériels quand les
royalistes s'en fâchent ; et que les royalistes à leur
tour s'en amusent, quand les libéraux crient à
l'oppression. Et la seule chose qui soit plaisante
dans tout ceci, c'est que ni les libéraux, ni les
royalistes, ni le ministère n'ont encore tiré aucun
profit de leurs alliances et de leurs hostilités.
Tous les ans, c'est à recommencer, les mêmes
moyens ne pouvant amener que les mêmes résultats. Je ne sais ce que le pouvoir y gagne ;
mais je puis affirmer que les libertés y perdent
beaucoup moins qu'on ne le croit ; toute constitution qui dure malgré les attaques de l'autorité et des partis, acquiert les forces nécessaires pour s'élever au-dessus des passions, et
pour tromper tous les calculs.

Cette année le ministère a pu jouer largement. Au nombre ordinaire des élections à faire
par l'ancienne loi, on avoit ajouté des élections
générales à faire par une loi nouvelle ; et c'est
surtout dans ce qui est nouveau que se montre
à l'aise le génie des fonctionnaires entrepreneurs
des nominations qui doivent donner à la France
de libres défenseurs de ses intérêts. Malgré
beaucoup d'irrégularités et autant d'inconve-
nances, la Chambre s'est montrée très-facile.

sur l'admission des députés ; et, comme cela a toujours lieu, quelque soit le parti qui triomphe, il est permis de croire que la Chambre ne consent à l'influence du ministère sur les élections qu'autant que le ministère agit comme parti, parce que alors il est nécessairement auxiliaire d'une des deux opinions qui luttent contre lui ; ce qui est assez humiliant. Mais où l'humiliation ne se trouve-t-elle pas quand l'autorité descend jusqu'à l'intrigue ! On cite l'Angleterre ; on dit que nous ne lui ressemblons pas ; rien n'est plus vrai. On se ruine en Angleterre pour être élu, tout aussi bien avec l'intention de voter pour le ministère qu'avec l'intention de se placer parmi l'opposition ; on n'y a jamais vu des ministres s'amusant à soutenir alternativement des partis qui les détestent, dans la folle espérance d'arriver à former un parti qui seroit le sien, indépendamment de ce qu'il voudroit. Ces combinaisons ne se voient qu'en France, quoiqu'elles ne soient pas françaises. Deux fois elles nous sont venues d'Italie ; et si notre nation n'étoit pas plus éclairée qu'il y a trois siècles, on ne peut prévoir où le système ministériel nous auroit conduits. Mais qu'on examine ces députés qui rient et pleurent chacun à leur tour lorsqu'on dénonce les tours joués par les préfets dans les colléges électoraux. Aussitôt que la Chambre est appelée à prononcer elle-même, elle se montre d'autant plus impartiale qu'elle sent qu'elle auroit trop à rougir si elle faisoit retomber sur les élus des torts qu'on ne peut attribuer aux électeurs, agissant de bonne foi, quelque soit le parti qu'ils suivent, et ne refusant jamais de se soumettre aux fastidieuses précautions qu'on ajoute sans cesse dans le vain espoir de les intimider. S'il n'y avoit pas de l'esprit de parti chez nous, le ministère auroit été trop fort dans les élections ; comme c'est lui qui a réveillé les partis dans le désir de les jouer tous, on peut affirmer qu'il a choisi la seule manière de n'avoir d'influence qu'à la suite de ceux qu'il vouloit soumettre, royalistes ou libéraux. De même, il a voulu conserver l'administration buonapartiste dans un gouvernement représentatif, et, en jetant les préfets à travers les intrigues électorales, il en a fait des hommes de parti, lorsque Buonaparte ne les avoit conçus que pour les élever au-dessus des partis, afin qu'ils ramenassent tout à l'autorité. Heureuse France ! touchée de tes malheurs, la Providence semble avoir fait reposer tes destinées sur les fautes des ministres, comme sur ce qu'il y a de plus fondamental dans tous les temps.

Une seule tentative nouvelle ayant été faite lors des dernières élections, il est de mon devoir d'historien de la consigner. Je ne la jugerai pas dans ses motifs, je ne les devine pas.

M. de Saint-Cricq, pour plusieurs années encore député de Seine et Marne, choisi par le Roi pour aller présider le collége électoral des Basses-Pyrénées, eut le bonheur de fixer sur lui la majorité des suffrages des électeurs, ce qui lui donnoit la certitude d'être député pour cinq ans, tandis qu'il ne l'étoit plus, en 1820, que pour trois ans, par suite de son élection dans le collége électoral de Seine et Marne. Le bureau, chargé d'examiner les raisons pour ou contre cette cumulation de confiance électorale, conclut à déclarer valable la nomination de M. de Saint-Cricq; bien entendu qu'il renonceroit à la députation dont il étoit en pleine jouissance. L'immense majorité de la Chambre a été d'un avis contraire au rapport, et je suis de l'avis de la majorité, ne fût-ce que parce que des députés du centre se sont seuls levés pour soutenir la validité de l'élection. Je n'aime pas que les députés du centre trouvent bien qu'on prenne des précautions contre l'avenir; qu'ils attendent. M. de Saint-Cricq n'avoit aucun intérêt dans cette question; les connoissances ad-

ministratives qu'il possède lui assurent des suffrages pour toutes les circonstances où il en
aura besoin.

Après l'examen des procès-verbaux d'élections, la Chambre s'occupe de la formation
de son bureau, afin de se constituer; aucune association ne pouvant agir qu'elle n'ait reconnu
un chef. Les royalistes s'étant faits ministériels, et les ministériels s'étant faits royalistes,
l'habileté consistoit à entretenir cette union
si délicate. On avoit pris deux députés du côté
droit, et on leur avoit dit qu'ils étoient ministres; on n'avoit pris qu'un député du centre
pour lui dire la même chose; il étoit donc juste
que la présidence de la Chambre fût donnée à
M. Ravez, afin que tout fût égal entre deux
partis qui prétendoient n'en former qu'un, au
moment même où leurs jalousies réciproques
prouvoient le contraire. M. Ravez eut en effet
le plus de voix parmi les candidats qui furent
proposés, et une ordonnance le nomma. Cet
honneur n'est pas encore aussi considérable
qu'il le paroîtra un jour; il croîtra à mesure
que le gouvernement représentatif s'élèvera
dans l'opinion; la Chambre peut y contribuer.
Les circonspects se réjouissent du désordre
qui règne quelquefois dans les débats publics,

sur l'espoir que la France se dégoûtera d'un gouvernement qui donne tant de facilité pour débiter des sottises; il faudroit, pour cela, lui opposer un gouvernement où on n'en fît pas; et l'histoire n'en offre aucun modèle. Des délibérations tumultueuses, des cris, des injures dégoûtent, non du gouvernement représentatif, mais de l'esprit de parti qui les produit; et c'est quelque chose.

Tout président qui ne protégeroit pas la liberté des opinions, tout député qui ne pousseroit pas jusqu'au scrupule le respect pour le président, commettroit une faute capitale; et lorsque le rappel à l'ordre ne signifie quelque chose que par les idées qu'on y attache, les gens sensés n'approuvent pas plus un député royaliste demandant lui-même à être rappelé à l'ordre, qu'ils n'approuveroient un député libéral agissant de même. La première loi que doit se faire un orateur est de supporter ce qui lui paroît une injustice, plutôt que de risquer d'affoiblir le petit nombre de lois que toute assemblée s'impose dans l'intérêt de sa propre considération. J'aime en Angleterre ces disputes corporelles qu'on a vues quelquefois dans la Chambre des Communes pour emporter ou pour conserver sur le bureau la masse

du président, parce que aussitôt qu'elle dispa-
roît toute délibération cesse de droit. Nous
sommes trop vieux pour attacher tant d'idées
à un signe matériel ; c'est un motif de plus
pour avoir de la raison. Sans doute , il n'étoit
pas toujours facile d'être raisonnable dans une
Chambre où , par le résultat des combinaisons
ministérielles , des députés nommés par trois
lois d'élections différentes se trouvoient en présence , avec l'exaltation naturelle à des partis
tour à tour flattés , trahis et dépossédés ; aussi
mes observations sont-elles sans application
particulière. Mais puisque j'ai parlé du président , je crois qu'on devroit créer pour lui
quelque privilége extraordinaire dans l'Etat ,
pour avoir eu la patience et la force de conduire cette session jusqu'à la fin.

L'union continuoit ; on n'avoit encore rien
dit. Le choix des vice-présidens et des secré-
taires avoit été fait avec prudence ; il ne s'agissoit plus que de présenter des candidats pour une
place de questeur. M. de Châteaudouble obtint
200 voix, M. Fornier-Saint-Lary 172 , M. Le-
marchant-Gomicourt 170.

Quand on n'a pas vu la révolution de près et
à toutes ses époques, on peut se tromper sur les
hommes, et les juger par les opinions qu'ils se

font selon les circonstances; c'est le piége dans lequel tombent les circonspects toutes les fois qu'ils prétendent décider des réputations politiques. Mais quand on a vécu au milieu de nos troubles civils, quand on a combattu les crimes et les folies de toutes les époques à ses risques et périls, on connoît les amis et les ennemis; alors seulement on peut comprendre l'intérêt que mettoient les royalistes à ce que M. de Châteaudouble fût questeur. Serviteur zélé et désintéressé de la monarchie, il étoit le seul des députés du côté droit qui ne comprît pas qu'on s'inquiétât de ses affaires personnelles, et qu'on saisît avec empressement une occasion loyale de lui tenir compte de ses sacrifices. Ce n'étoit pas ici un intéret de parti ; c'étoit un acte de justice. M. de Châteaudouble ne fut pas nommé. Qui auroit vu Paris le soir même (mais seulement dans les salons ouverts aux royalistes) se seroit imaginé qu'il y avoit eu révolution complète dans le système du gouvernement. « C'étoit » une trahison affreuse, un mépris intolérable. » Comment pouvoit-on compter sur une alliance » avec le ministère, lorsqu'il repoussoit ainsi » le premier vœu exprimé par le côté droit? » Il falloit s'attendre à être dupe; tout le monde » l'avoit prédit. » Je crois même qu'il y eut

quelques murmures contre les nouveaux ministres. Dans cette vivacité d'intérêt pour M. de
Châteaudouble, qui oseroit affirmer qu'il n'y
eut pas aussi quelques petits retours sur la difficulté qu'on trouveroit à faire ses affaires personnelles, si le système de fusion étoit conduit de
cette manière? Les purs et les incapables se mon-
troient plus animés que les autres. Les observateurs désintéressés ne voyoient dans cet événement fort simple que la condamnation de
toute alliance formée par les hommes aux
dépens des doctrines, lorsqu'il n'y avoit de
sûreté que dans le maintien des doctrines,
même pour faire rendre un jour justice aux
hommes.

Les amis du ministère soutenoient qu'on ne
pouvoit rien lui reprocher; qu'il avoit depuis
long-temps pris des engagemens en faveur de
M. Fornier-Saint-Lary; cela est possible; il est
possible aussi que des hommes adroits eussent
fait prendre ces engagemens d'avance pour
placer le président du ministère entre sa parole
donnée et le vœu de la Chambre. Sur ce point,
on ne saura jamais jusqu'où va l'habileté de nos
jours; et si les royalistes connoissoient le ter-
rain sur lequel ils marchent, ils seroient les
premiers à vouloir le gouvernement représen-

tatif dans toute sa vérité; ce qui peut se faire par intrigue tournera toujours contre eux.

On peut, sans crainte, affirmer que les grandes affaires sont sacrifiées dans la pensée de ceux qui les traitent, quand on les voit décider par de petites considérations. J'en appelle à la mémoire des députés; qu'ils se demandent s'ils ont jamais entendu dire quelque chose d'élevé pour que MM. Corbières et Villèle fussent ministres, pour qu'ils le fussent sans portefeuille, pour que M. Fornier-Saint-Lary fût questeur, pour que M. de Châteaudouble ne le fût pas? En effet, qu'est-ce que cela faisoit à la monarchie si elle étoit en danger, et même si elle n'y étoit pas?

M. de Châteaudouble éprouva un désagrément plus grand que celui de n'être pas questeur. L'opinion qui se plaignoit pour lui parut si menaçante que le ministère crut nécessaire de l'apaiser. On s'entretint si haut de cet arrangement dans toutes les sociétés particulières que le général Donnadieu, qui croit que la publicité est l'âme du gouvernement représentatif, en parla à la tribune; et comme la tribune produit des effets magiques, on trouva mal aussitôt ce que jusqu'alors on avoit trouvé bien; on nia ce qu'on avoit approuvé. Pourtant, qui pou-

voit avoir à se plaindre? Ce n'est pas le ministère, sans doute ; son crédit s'augmenteroit
considérablement si l'idée des consolations qu'il
peut offrir prenoit de la consistance. Pour M. de
Châteaudouble, comme il n'a jamais mis de
prix à sa fidélité, à ses services, et que son
attachement à la royauté date des malheurs de
la royauté, il peut laisser agir ses amis et l'opinion ; son désintéressement répondra à ce qu'il
y auroit d'excessif dans leur zèle comme à
toutes les interprétations qui ne seroient point
honorables.

De tout ceci il n'y a qu'une moralité à tirer.

Les rois sont comme les dieux ; ils sont les
seuls auxquels on puisse confier ses besoins sans
rougir ; les courtisans le savent bien, aussi ne
rougissent-ils guères. Dans nos idées, toute faveur du monarque est honorable. On pourroit
en donner pour raison que les rois ne pouvant
jamais devenir les égaux de ceux qu'ils ont
obligés, on ne peut éprouver l'embarras d'avoir
accepté leurs bienfaits. Il n'en est pas de même
des ministres. Où auroient-ils pris d'ailleurs ce
qu'ils donneroient? Si nos ministres vouloient
ramener les anciennes idées françaises à tout ce
qu'elles avoient de noble, ils n'agiroient jamais
en leur nom là où le nom seul du Roi peut tout

consacrer. Ceux d'entre eux qui ont conservé une si grande estime pour le système de l'usurpation qu'ils ne voyoient que les draps du lit à changer quand la légitimité revint, devroient se rappeler qu'il n'est pas un homme gouvernant les hommes qui ait plus fait directement que Buonaparte pour ceux qui le servoient, et qu'il auroit trouvé fort insolens des ministres qui auroient offert en leur nom. Au reste, dans un gouvernement représentatif, comme les ministres ne disposent de rien que selon le budget, il est probable que dans ce qu'on a dit au sujet de la nomination d'un questeur et des suites de cette nomination, il y a eu du pour et du contre. N'en est-il pas ainsi de toutes les affaires?

CHAPITRE XI.

Perception de six douzièmes de la contribution foncière, sur les rôles de 1820.

SELON l'usage, le ministre des finances est venu demander, avec beaucoup de modestie, l'autorisation de percevoir provisoirement six douzièmes de la contribution foncière sur les rôles de 1820; par l'effet naturel de tout droit acquis, le provisoire s'est changé en définitif, puisque la diminution de l'impôt foncier, pour 1821, ne commencera qu'à partir du 1er juillet de la même année. Les propriétaires perdent donc un soulagement réel, qui leur étoit promis depuis long-temps, et qui leur auroit été accordé dès l'année 1820, si le parti royaliste ne s'étoit alors prêté à changer la loi des élections. Avant d'avoir pris cette résolution, on vouloit diminuer la contribution foncière de vingt millions, et retrancher du nombre des électeurs tous ceux qui, d'après cette diminution, n'auroient plus payé les 300 fr. constitutionnellement exigés. Comme tout se compense dans cette vie, le ministère qui a suffisamment de députés royalistes pour sa tranquillité, et qui probablement n'en veut pas davantage, a déclaré que la diminution des contributions pour les six derniers mois de 1821 n'attaqueroit pas les droits des électeurs, et que les listes électorales se formeroient sur les rôles de 1820. Le côté gauche a paru satisfait de cet engagement; le côté droit n'a rien objecté; peut-être n'a-t-il pas compris ce que cela vouloit dire. La grande question de la diminution progressive de la matière électorale par la diminution de la matière contributive se trouve ainsi ajournée; sa solution dépendra du parti que le ministère aura intérêt de flatter dans un an, si les partis, pendant une année encore, ont la sottise de se battre au profit des ministres, au lieu de se réunir dans l'intérêt général.

Il y a si long-temps qu'on demande et qu'on obtient des douzièmes provisoires, qu'il n'y a plus rien à dire pour ou contre cette mesure sous le rapport de la bonté ou de la nullité de notre administration; aussi les esprits éclairés ne regardent-ils le vote de la Chambre à cet égard que comme un engagement politique qui doit assurer ou renverser les ministres.

Un ministère qui s'expose, à chaque ouverture de session, à se faire dire s'il a ou s'il n'a pas la confiance de la majorité des députés, a besoin de mettre les opinions dans une grande irritation afin de sortir de cette épreuve, non pas tout-à-fait par la confiance qu'il inspire, mais par l'incertitude où sont les partis de savoir dans quelle couleur on chercheroit des ministres, si la majorité se prononçoit contre ceux en exercice. Moins la question des douzièmes provisoires paroît politique, et plus elle seroit favorable pour renverser une mauvaise administration, si la Chambre des Députés n'étoit pas si étrangement divisée.

L'adjonction de MM. Villèle et Corbières au vieux ministère étoit une garantie de l'assentiment du côté droit. Les royalistes sont accoutumés à vivre de folles espérances, et on leur présentoit l'élévation de ces Messieurs comme le noyau d'un bon ministère; ce qui vouloit dire que les nouveaux renverroient peu à peu les anciens, chose beaucoup moins facile et beaucoup moins désirée que ne se l'imaginent les royalistes qui comptent les opinions pour tout, les intérêts et les doctrines pour rien. Quant au centre, établi pour approuver tout ce que tous les ministères présentent, il ne donnoit aucune inquiétude. Les ministres avoient donc la certitude de faire passer leur proposition , et pourtant on craignoit encore quelque chose , tant il est vrai qu'au fond de l'âme on sent bien que, même dans un gouvernement où il est convenu que les voix se comptent, on n'a point de satisfaction complète si on ne réunit aussi en sa faveur les voix qui se pèsent.

Le général Donnadieu prit le premier la parole; et, partant de cette vérité incontestable qu'un vote qui met provisoirement une partie de la fortune publique à la disposition des ministres ne peut être donné que par la confiance, il déclara que le ministère n'avoit pas la sienne, ce qui le conduisoit naturellement à dire pourquoi. Le pourquoi n'est pas nouveau.

Depuis l'ordonnance du 5 septembre 1816, jusqu'à la dernière loi des élections, le parti royaliste n'avoit pas laissé un seul jour s'écouler sans reprocher aux ministres d'avoir détruit la religion, la morale et la monarchie; et, comme les ministres s'ennuyoient apparemment d'entendre répéter les mêmes griefs, ils s'amusoient souvent à donner de nouveaux sujets de plainte aux royalistes; ce qui ne laissoit pas de fournir une assez belle accumulation de fautes et de reproches à l'orateur qui paroissoit pour en rappeler le souvenir, dans la séance du 2 janvier 1821. Le général Donnadieu traita son sujet en homme qui ne veut rien laisser à dire à ceux qui le suivront ; peut-être aussi se doutoit-il qu'il ne seroit suivi par aucun de ses collègues du côté droit. Les députés qui ne vouloient pas troubler l'alliance contractée avec le ministère, mais qui ne l'approuvoient pas, écoutoient le discours du général avec la satisfaction qu'on éprouve lorsqu'on a beaucoup à dire, qu'on a pris le parti de se taire, et qu'on rencontre quelqu'un qui met au jour ce qu'on a dans la pensée ; les autres baissoient les yeux pour éviter de les porter au banc des ministres où l'étonnement augmentoit à proportion des développemens auxquels se livroit l'orateur.

On pourroit calculer, par les distances, l'effet que le discours du général Donnadieu produisit sur l'opinion publique. Dans les provinces les plus éloignées de Paris, on l'approuva sans restriction ; on n'y savoit pas encore qu'on ne devoit plus croire ce qu'on avoit dit et cru cinq années de suite, à ses risques et périls. En se rapprochant de la capitale, le discours étoit loué dans plusieurs parties, blâmé dans quelques autres ; à Paris où tout le monde a le

mot d'ordre, où par conséquent on sait toujours pourquoi on a une opinion et pourquoi
on en change, les royalistes ne parloient pas
de ce que contenoit le discours ; cela les auroit
mis dans une position trop embarrassante ; mais
ils établissoient que le discours n'étoit pas de la
façon de celui qui l'avoit prononcé. En indi-
quant ceux qu'on soupçonnoit de l'avoir fait,
ils détournoient l'attention du fond des choses
pour la porter sur une circonstance accessoire,
ce qui réussit partout où l'incapacité est en-
vieuse et tracassière, par conséquent dans les
salons plus qu'ailleurs. C'est ainsi que les choses
se sont toujours passées chez ce peuple que
Mme de Staël déclare le plus spirituel et le
plus bête de l'Europe. Je ne me permets de
citer Mme de Staël que parce qu'au moment
où j'écris, elle est exaltée par les royalistes ;
elle leur apprend ce qu'ils doivent penser de
Buonaparte. Que de choses il faut leur apprendre !

Les députés qui votent et ne parlent pas,
devroient savoir que les hommes éclairés
mettent très-peu d'importance au talent nécessaire pour faire un discours de tribune, et
beaucoup de prix au courage qu'il faut quelquefois pour le prononcer. Mirabeau n'a pas

fait tous les discours qu'il a débités; cela lui importoit fort peu, et moins encore à ceux qui l'approuvoient. Une assemblée qui discute des intérêts publics, n'est pas une académie. Un mot de M. de Béthisy, dans la session de 1815, décida une question que les meilleurs discours n'avoient pas résolue; c'est qu'il y avoit dans ce mot un sentiment profond de courage et de vérité. Le général Donnadieu, en parlant d'abondance, a répondu à ceux qui le soupçonnoient de n'avoir que l'éducation qu'on peut recevoir dans les camps, et qui, à l'exemple de M. Voysin Gartempe, appeloient oraison de bivouac un discours dans lequel les hommes lettrés de toutes les opinions reconnoissoient le germe d'un véritable talent. Ceux qui connoissent le général Donnadieu savent que, pour être un des hommes les plus remarquables de son siècle, il ne lui manque que le sang-froid nécessaire pour le juger, et la fortune personnelle qui permet de s'en moquer. En attaquant le ministère et blâmant l'alliance contractée par les royalistes, il s'appuyoit sur ce dilemme : On a proclamé les périls de la monarchie : ou cela est vrai, ou cela est faux. Si la monarchie est en péril, les ministres sont coupables; si la monarchie n'étoit pas en péril, pourquoi l'a-t-on

proclamé ? Certes, lorsque le général Donnadieu mit au jour les suites de l'affaire de la
questure, qu'un ministre le somma d'indiquer
le député auquel on avoit offert cent mille francs,
que les ministériels le défioient de tout dire, il
montra beaucoup d'esprit en demandant plusieurs fois l'autorisation de la Chambre avant
de le nommer, ajoutant de nouvelles circonstances à chaque interpellation jusqu'à ce que
la majorité lui criât de ne pas en dire davantage. Si le général Donnadieu étoit toujours
aussi maître de lui qu'il le fut en ce moment,
son ascendant à la tribune seroit prodigieux,
dans une Chambre qui lui permettroit de
monter à la tribune. Cela peut arriver.

Comme il avoit blâmé l'alliance dont la
promotion de MM. Corbières et Villèle étoit
le gage ; alliance qu'il avoit appelée *fusion du
bien dans le mal*, M. Villèle crut devoir répondre brièvement, à cause de la difficulté de
sa position, et en établissant un système assez
nouveau, car il n'y en a pas encore d'exemple
dans le monde politique ; ce n'est que dans
l'ordre religieux qu'il est convenu qu'il faut
haïr le péché et non le pécheur. M. Villèle
prétendit que si le général Donnadieu étoit
entré moins nouvellement dans la Chambre, il

auroit su que l'usage du côté droit étoit de
faire opposition aux choses, et non aux personnes; comme s'il falloit être député de toute
éternité pour savoir ce qui se passe dans la
Chambre des Députés; comme s'il falloit remonter plus haut que la session précédente
pour acquérir la certitude que les royalistes,
semblables à tous les hommes, repoussent ce
qui les blesse, et qu'ils n'acceptèrent les lois
apportées par M. de Cazes qu'en proscrivant
sa personne. M. de Girardin remarqua, assez
plaisamment pour que le rire se communiqua
à toutes les parties de la salle, que M. Villèle
avoit beaucoup de prévoyance dans l'esprit,
et qu'effectivement son opposition aux ministres avoit toujours été excessivement modérée.
Cela est vrai; de lui-même M. Villèle ne fait
la guerre ni aux hommes, ni même aux choses;
il s'arrête aux mots.

Il est inutile de dire que le côté gauche n'est
pas resté étranger aux accusations portées
contre les ministres; plusieurs orateurs libéraux ont averti, avec esprit, les royalistes du
piége dans lequel ils tomboient, et leur ont
offert un rapprochement dans le sens constitutionnel. Cela a paru plaisant au côté droit.
L'année prochaine peut-être, le côté droit

sera dans la situation de faire la même prédiction et la même proposition au côté gauche, qui rira à son tour. Le général Donnadieu avoit voté contre les six douzièmes ; tout en attaquant le ministère, les libéraux consentirent à lui accorder trois ou quatre douzièmes, sans doute dans l'espoir que l'union des royalistes et des ministériels ne tiendroit pas aussi long-temps, et qu'avant la fin de la session, les ministres seroient réduits à se rapprocher du centre gauche. Il n'en a pas été tout-à-fait ainsi ; les nuances d'opinions ne se sont reproduites avec vivacité que dans les derniers débats. Ce n'est donc que dans l'intervalle qui doit s'écouler entre la session finie et la prochaine session que les dernières alliances pourront se rompre, que de nouvelles alliances pourront se former. Nous verrons ce qu'il en sera de la *réconciliation sincère et durable* dont a parlé M. Pasquier ; en avouant que, depuis l'ordonnance du 5 septembre 1816 jusqu'à la loi d'élections de 1819, les ministres et les royalistes avoient pu se tromper réciproquement sur plusieurs points, mais qu'ils s'entendoient maintenant sur tout. Pour peu que les royalistes persistent à ne s'estimer que par leurs opinions, à ne juger des intérêts de la

France que par leurs opinions, à ne comprendre
la Charte que selon le succès ou le mécompte
de leurs opinions, bien des gens, qui estiment
les royalistes, pourront dire, avec M. Pasquier, qu'en effet les royalistes se sont trompés
sur plusieurs points. Pour les ministres, depuis
long-temps c'est une chose convenue; et rien
n'est plus avantageux en politique que d'avoir
des torts au-dessus de toute contestation. Aussi
les six douzièmes ont-ils été accordés par 268
boules blanches contre 65 boules noires.

———

CHAPITRE XII.

Explosion dans le château des Tuileries. — Police. — Liberté individuelle.

DANS un pays où l'on change continuellement les bataillons en régimens, les régimens en bataillons, où la couleur, la coupe des uniformes varient sans cesse, où l'on invente chaque année une nouvelle manière de placer les épaulettes, comme s'il étoit absolument impossible de prendre une détermination fixe applicable à l'épaule gauche et à l'épaule droite, on ne doit pas s'étonner qu'il n'y ait aucune règle arrêtée sur la manière de dresser le compte des dépenses faites, et l'aperçu des dépenses à faire. Aussitôt que des bourgeois sont devenus ministres, ils croiroient manquer à leur dignité s'ils mettoient une nation à portée de connoître sa situation ; cela durera encore quelques années: après quoi on verra arriver aux affaires des hommes qui ne diront plus qu'ils sont ministres du Roi, parce que personne ne le révoquera en doute, et qui ne se croiront pas dégradés quand on leur dira qu'ils sont ministres pour la France, parce qu'ils sauront que c'est un grand honneur que d'être acceptés par l'opinion.

Une commission de membres de la Chambre des Communes, sept années de suite en exercice, est parvenue, en Angleterre, à déterminer les formes de comptabilité d'une manière à la fois si simple et si claire, que le matériel de l'administration financière est ce qui occupe le moins le parlement; et cependant tout Anglais est persuadé, avec raison, qu'aucune somme ne sort de la main des contribuables dont on ne puisse suivre la destination. Nous n'en sommes pas là; nous n'aimons pas ce qui est simple. Il y a de tous les côtés comme une vague espérance qu'on peut tirer profit de ce qui reste embrouillé; je dis profit en faveur du pouvoir des commis, des ministres ou de tous autres; car de s'imaginer qu'on voudroit se réserver la faculté de disposer, pour un emploi quelconque, des sommes accordées dans une autre intention, c'est ce qui ne viendra à la pensée de personne. Depuis 1789, nous avons eu bien des assemblées et bien des constitutions; je ne connois encore qu'un seul point sur lequel toutes les assemblées et toutes les constitutions aient été d'accord, c'est que

tout le monde doit payer les impôts. Certainement cette unanimité est respectable ; mais ne
peut-on s'entendre qu'au profit de la fiscalité ?
et n'y auroit-il pas de la justice à mettre ceux
qui paient, et surtout nos bons députés par
qui on obtient si aisément les impôts, à même
de connoître clairement et sans des efforts
inouïs, l'usage régulier qu'on a fait de leur
produit ? Il y auroit là de quoi piquer l'amour-
propre d'un ministre des finances.

Les premiers travaux qu'on présente aux
Chambres sont toujours l'examen des comptes
pour le passé et l'état des dépenses pour l'avenir.
Comme il y a beaucoup à voir, par défaut de
bonnes méthodes de comptabilité, il arrive
ordinairement que, tandis que les commissions
travaillent, les députés assemblés n'ont rien à
faire, et que, pour s'occuper et pour occuper
le public, ils cherchent dans les pétitions de
quoi exercer leurs talens oratoires. C'est par
les pétitions que les Chambres reviennent à
l'initiative, droit naturel de tout pouvoir,
droit que les ministres contestent quand ils en
ont peur, qu'ils admettent avec une facilité
pleine de grâces quand ils y trouvent leur intérêt, ce qui offre l'inappréciable avantage d'avoir
sur tout une théorie à opposer aux faits, et des

faits à opposer à la théorie. Aussi n'est-ce qu'en France qu'on a pû dire :

L'éternité s'abrège en discutant.

Le lundi 29 janvier, il n'y avoit pas même une pétition à l'ordre du jour; la Chambre se reposoit de n'avoir rien fait, lorsque les députés reçurent à domicile une lettre qui les convoquoit pour trois heures après midi. Une explosion avoit eu lieu, le samedi 27, dans le château des Tuileries, assez près des appartemens occupés par le Roi et par Madame, duchesse d'Angoulême. Quoiqu'il n'en fût résulté que le brisement de beaucoup de carreaux de vitres et l'ébranlement de portes et de fenêtres, la hardiesse d'une aussi effroyable tentative avoit mis de l'émotion dans les esprits. C'étoit l'objet des conversations de tout Paris, et déjà on cherchoit quel seroit le parti qui tireroit avantage de l'horreur qu'inspiroit ce forfait; car tout s'exploite dans les temps politiques, les bons comme les mauvais sentimens. Il y a des gens qui proposeroient de bonne foi à une nation de rentrer en esclavage, pour la récompenser de la douleur qu'elle montre dans les événemens qui frappent ou menacent la famille royale. On ne doutoit pas que la convocation extraordinaire de la Chambre des Députés n'eût pour objet une communication officielle sur l'explosion qui avoit eu lieu aux Tuileries; en effet, M. le garde des sceaux prit la parole pour en rendre compte, d'après les ordres du Roi, « convaincu que tout ce qui touche à la sûreté » de sa personne et à celle de sa famille, ainsi » qu'au respect qui doit protéger leur demeure, » intéresse vivement la Chambre et la nation, » et désirant calmer les craintes que cet évé- » nement avoit naturellement excitées. »

La même communication fut faite à la Chambre des Pairs qui nomma une députation pour se rendre auprès du Roi, confiant à ceux qui se-roient désignés le soin si facile d'exprimer à Sa Majesté les sentimens qu'une attaque aussi cri-minelle avoit fait naître dans le cœur de tous les Français. La Chambre des Députés crut devoir procéder autrement, et nomma une com-mission pour rédiger une adresse. Comme M. de la Bourdonnaye a révélé plaisamment que les ministres s'étoient rendus à la commission pour discuter, avec ou contre les membres qui la composoient, dans quels termes la Chambre des Députés parleroit au Roi, il est permis de croire que le ministère, frappé de l'idée qu'un crime qui faisoit le sujet de toutes les conversations pourroit servir de texte à des discours de tribune, avoit cru une communication officielle nécessaire, positivement pour parer à cet inconvénient. Un projet d'adresse ne devoit pas lui convenir, parce qu'un projet d'adresse se discute, et que tout pouvoit entrer dans cette discussion, excepté des choses favorables à l'administration et à la police ; témoin ce qui étoit arrivé lors de l'assassinat de M. le duc de Berry. Quand les royalistes se jettent dans le sentiment, il n'y a plus moyen de leur résister ; mais le sentiment s'étoit fait à si haut prix dans la fatale nuit du 13 février 1820, qu'il étoit difficile d'y revenir ; et il est à peu près convenu maintenant que si nous changeons de ministres ce ne sera plus par suite de désastres, mais par une conséquence de leurs fautes ; cette manière vaut mieux.

Je ne crois pas que ceux qui sont spécialement chargés d'exploiter les sentimens des royalistes voulussent saisir cette occasion de renverser un ou plusieurs ministres ; les vues n'alloient pas si haut cette fois ; et d'ailleurs on étoit dans toutes les illusions fondées sur l'élévation de MM. Villèle et Corbières. Il ne s'agissoit que de s'emparer de la police, objet secondaire en apparence, mais d'une extrême importance dans tout pays où l'on parle de liberté, et où on n'agit que par esprit de faction. Tout événement malheureux est d'ailleurs excellent pour attaquer la police ; on suppose qu'elle sait tout, par conséquent on a droit de l'accuser quand elle ne prévient rien. La vérité est que ce qu'elle sait est égal à ce qu'elle prévient. Heureux les pays où elle n'excite pas les passions pour montrer du moins qu'elle est capable de quelque chose !

Depuis six ans, on a prononcé bien des discours pour prouver que la police, telle qu'elle nous vient de Buonaparte qui l'avoit reçue du Directoire, lequel l'avoit empruntée à la Convention, est incompatible avec un régime constitutionnel, et cette année encore M. de Bouville s'est très-bien expliqué à cet égard, quand il a fallu voter, dans le budget, les fonds attribués à la police. Mais la France croit depuis long-temps qu'il n'y a plus rien à dire sur ce point, et que la seule chose à faire seroit d'entrer franchement dans le système constitutionnel, ne fût-ce que pour voir un peu comment la police s'en trouveroit. Jusques là elle sera un sujet d'effroi pour les Rois, pour les libertés, pour les ministres, et par conséquent l'objet des désirs de tous les partis et de toutes les ambi-

tions qui veulent dominer les Rois, les ministres
et les libertés.

Les Rois redoutent, dans la police, les moyens
même qui la rendent utile; si elle peut éclairer
le pouvoir, elle peut aussi le tromper. Les partis
en France sont à découvert par suite de la révolution; mais, dans tous les temps, il y a eu
des partis, et la police a tant d'avantage de
position pour cacher les projets des uns, pour
rendre suspectes les intentions des autres, qu'un
souverain peut périr assassiné au moment même
où il se vante d'avoir découvert les dangers
qui le menaçoient. Nous avons vu de cela plusieurs exemples en Europe, dans des pays où
il n'a jamais été question de liberté, ni de libéralisme. Les suites de la révocation de l'édit de
Nantes, la destruction des Jésuites révèlent ce
que peut un parti, dans les temps où on ne
parle pas de parti, e jusqu'où le pouvoir peut
être entraîné quand on ne lui laisse voir qu'une
des faces sous lesquelles les affaires peuvent être
présentées.

Je suis convaincu qu'il y a plus de sûreté
pour les Rois dans les gouvernemens représentatifs que dans les gouvernemens absolus; s'ils
veulent connoître les vérités qu'ils doivent protéger, les intrigues qu'ils doivent déjouer, les

passions qu'ils doivent calmer ou braver, ils en ont le moyen. Il leur suffit de prêter aux débats publics la même attention qu'y portent les simples citoyens ; les grands intérêts qui tournent autour d'eux en reçoivent une lumière particulière. Un Roi, sous le pouvoir absolu, ne peut jamais savoir s'il s'appartient. L'histoire en montre qui ont été soumis à des ministres qu'ils n'aimoient pas, bravés par leur famille, humiliés par les prêtres, et qui cependant n'étoient pas des hommes ordinaires. Ils auroient été adorés, s'ils avoient pu connoître et se faire connoître. Mais on les tenoit isolés dans leurs palais ; aucune vérité ne leur parvenoit ; et leur pouvoir ne s'exerçoit plus que dans un intérêt qui n'étoit ni le leur ni celui des peuples soumis à leur domination. Buonaparte lui-même, si actif, si bien prémuni contre toute surprise, brisa une fois le ministère de la police dans les mains du même homme qui, revenu à la tête de la police, finit par le livrer, et le conduisít sur les vaisseaux anglais aussi sûrement que l'on conduit un enfant à l'école. Quel exemple ! Mais à qui a-t-il profité ?

Si les Rois absolus peuvent redouter l'action d'une police toujours maîtresse de leur montrer le danger où il n'est pas, et la sécurité où est le danger, les ministres d'un gouvernement représentatif, qui n'est pas encore bien décidé, ont eux-mêmes prouvé qu'ils la redoutoient, puisqu'elle a été deux fois réduite à une simple direction, depuis la proclamation de la Charte. Erigée en ministère ou unie à un ministère, elle donnera toujours à celui qui l'exercera assez d'ascendant pour qu'il puisse soumettre ses collègues; et ce n'est pas ainsi qu'il faut arriver à l'unité ministérielle; c'est par le talent; tout le monde alors en profitera.

Sous le rapport des libertés, la police politique est un contre-sens, puisqu'elle ne peut être qu'autant que les libertés ne sont pas. Aussi a-t-il toujours paru extraordinaire d'entendre accuser la police par ceux qui ont renié les principes de notre droit public et employé les formes constitutionnelles pour légaliser l'arbitraire. Le moment est venu d'apprendre aux modernes législateurs qu'ils ne savent ce qu'ils font, et qu'ils s'exposent à paroître si étranges à la postérité que, même lorsqu'ils seroient tous ministres sans portefeuille pendant six mois, cela ne les sauveroit pas d'un jugement sévère et mérité.

Les questions qui nous agitent ne sont pas nouvelles; elles ont occupé les esprits éclairés dans tous les siècles. Seulement elles sont deve-nues populaires à mesure qu'il s'est formé dans la société plus de situations indépendantes, et que le besoin et la facilité de s'instruire sont devenus plus communs. Tous les publicistes, dignes de ce nom, ont établi entre les droits et les libertés une distinction qu'il suffit de présenter au bon sens pour qu'il la saisisse aussitôt.

Les libertés peuvent être générales ou parti-culières ; les droits sont toujours généraux. Les lois décident des libertés selon les diverses situations auxquelles elles s'appliquent. Les libertés d'une province, d'une commune, les libertés de la Chambre des Pairs, de la Chambre des Députés n'existent que par les lois et de la manière dont les lois les fixent. Les droits sont inhérens à l'homme ; la législation ne les donne pas ; elle les déclare, et en règle l'usage.

Ces vérités ont été parfaitement reconnues et établies dans la Charte que nous a donnée le Roi. Les premiers articles déclarent *les droits publics des Français*, et laissent aux lois à en régler l'usage. Cette manière de procéder ap-partient aux constitutions modernes, et l'or-gueil du siècle peut s'en faire honneur ; mais la distinction des droits et des libertés a de

long - temps précédé les constitutions écrites ;
elle étoit de doctrine fondamentale dans notre
ancienne législation.

Jusqu'à présent en France la liberté individuelle est un principe de droit public, mais
aucune loi n'en a fixé les conditions, ne lui a
porté le secours néeessaire pour que sa jouissance fût assurée. Cependant, deux fois ,nos
députés ont osé accorder, à des ministres assez
hardis pour le demander, le sacrifice de la
liberté individuelle. Ils ne suspendoient pas
une loi faite de la main des hommes, *ils re-
nioient un droit que l'homme n'a pas reçu de
la société, mais de Dieu.*

Et pourtant, dans chacune de ces révoltes
législatives contre la Providence , on ne manquoit pas de citer l'exemple de l'Angleterre ,
comme si ce pays eût pu atteindre la prospérité dont il jouit , en violant les lois divines !

Ce que le ministère sollicite et obtient quelquefois en Angleterre, c'est la suspension d'un
acte parlementaire qui a réglé la *jouissance*
de la liberté individuelle d'une manière si large,
si favorable à chaque citoyen , qu'on peut
craindre que l'Etat ne s'en trouve désarmé
dans les momens de danger. Les pouvoirs
de la société suspendent une loi qu'ils ont faite,

et non un principe de droit public ; ce qui est très-différent dans ses conséquences.

Cette loi d'*Habeas corpus*, ouvrage du parlement, n'est pas arrivée sans peine au point de perfection qu'elle a atteint. Les tribunaux anglais, regardant comme dirigé contre eux ce qui étoit conçu dans l'intérêt de l'innocence, trouvèrent plusieurs fois les moyens d'agir arbitrairement sans manquer à l'esprit de la loi, et chaque fois le parlement revisa les paroles de la loi pour y enfermer les juges. Quel combat ! Doit-on s'étonner si les Anglais tiennent si fort aux institutions qui les protégent ? Pour nous, nous n'avons encore de garantie que dans nos opinions ; nous vivons de la législation qui suffisoit au despotisme de Buonaparte ; et, sous le régime de la Charte, on renie un principe comme si les hommes l'avoient fait, comme si la peur pouvoit l'anéantir !

Beaucoup d'ouvrages, publiés en France, font un éloge mérité du *courage civil* des Anglais, et concluent toujours que ce courage est le seul qui nous manque. Comme le courage civil ne tient pas au climat, mais à une confiance absolue dans le secours des lois, selon les situations diverses où on se trouve, il est naturel que les Anglais soient civilement

courageux, et que nous ne le soyons pas. La
suspension de l'*Habeas corpus* produit un grand
effet chez eux; rien n'étant capable de déconcerter les esprits comme de sentir manquer
tout à coup l'appui dont ils avoient l'habitude.
La suspension du *principe* de la liberté individuelle, laissant les Français dans le même iso-
lement où ils sont par les lois ordinaires, irrite
les esprits sans les étonner. Dans nos mœurs,
un gouvernement est plus exposé qu'il ne le
croit, quand un honnête homme peut être saisi
des mêmes frayeurs qui agitent intérieurement
les séditieux. Une fausse pitié se manifeste aussitôt pour les coupables et fait reculer la justice. Ce qui seroit lâcheté chez un peuple où
la liberté individuelle, depuis long-temps légale, auroit toujours été respectée, n'est qu'un
triste retour que chaque homme fait sur lui-
même, partout où règne l'arbitraire.

Que nos députés cessent de faire des discours contre la police, cela ne signifie plus
rien; que les partis cessent de l'accuser dans
l'espérance de s'en emparer, cela est trop évident pour inspirer le moindre intérêt; mais
que nos Chambres, à l'exemple du parlement
anglais, consacrent la liberté individuelle par
une loi protectrice, qu'ils respectent la liberté

de la presse ; qu'ils assurent l'indépendance du jury, qu'ils entrent dans l'esprit de la Charte aussi sérieusement que la France, alors la police ne sera que ce qu'elle doit être. On la nourrit de tout ce qu'on retranche aux libertés publiques, et on se plaint ensuite de son embonpoint ; rien n'est plus ridicule.

Les ministres, dit-on, n'ont pas le temps de faire des lois. On doit les croire ; il y a six ans qu'ils le répètent ; c'est la seule chose sur laquelle ils n'aient pas varié.

Les Chambres ne peuvent rien d'elles-mêmes, ajoute-t-on ; elles n'ont pas l'initiative. Et pourquoi la Chambre des Députés a-t-elle éludé une discussion ouverte par une pétition sur le jury, discussion que le côté gauche entamoit sur de véritables principes, avec un bonne foi qui méritoit d'être écoutée ? La France y prêtoit attention, et la France vaut bien ceux qui la représentent. Pourquoi la Chambre des Députés a-t-elle si souvent refusé d'entendre des plaintes fondées sur la violation du peu de garanties que nous donnent des lois positives ?

Les Chambres n'ont pas l'initiative ! En l'admettant, combien ne paroissent-elles pas plus imprévoyantes lorsqu'elles se prêtent à ôter à la France l'initiative que lui accorde la Charte ; car la liberté de la presse est l'initiative de la France, et c'est parce qu'elle en est privée qu'on la conteste aux Chambres, qu'on la demande et qu'on l'obtient pour la police ? Donner le mal qu'on fait pour excuse du bien qu'on ne fait pas, ne réussit qu'autant que l'esprit de parti fausse toutes les raisons et toutes les consciences ; et depuis que la France a senti combien elle porte en elle-même de forces indépendantes des lacunes de sa législation et de la nullité de son administration, l'esprit de parti a disparu. Comme bien d'autres choses, il n'est plus aujourd'hui que l'hypocrisie des foibles ; les hommes forts doivent en sortir.

Soit par la faute de la police, soit pour toute autre cause, cette explosion des Tuileries est restée, comme nos libertés, à la merci de l'interprétation des partis ; les Français raisonnables s'étonnent qu'on n'ait pu remonter jusqu'aux auteurs de cette tentative criminelle. Il leur paroît étrange que la même police, qui ne sait pas veiller à la sûreté de la famille royale, soit cependant jugée capable de recevoir en dépôt nos libertés. Quelle inconséquence ! Et comment peut-on espérer que la France prenne un intérêt profond à quelque chose, quand on

exige qu'elle soit désintéressée dans l'accom-
plissement des promesses solennelles qu'on lui
avoit faites ?

CHAPITRE XIII.

Injures et Pétitions.

Depuis que les philosophes se sont mis à faire des constitutions, la France n'a pas manqué d'hommes de génie créant des principes pour les opposer à la raison, ni de législateurs faisant des lois pour les opposer à la justice. C'est aujourd'hui le secret de tout le monde; et comme on n'aime jamais long-temps, dans ce pays, ce qui est bien, ou ce qui est mal, je ne serois pas étonné qu'avant peu on se mît à avoir du bons sens et de l'équité, ne fût-ce que pour produire une sensation nouvelle. Si cela arrive, beaucoup de pétitionnaires auront à regretter de s'être trop pressés de faire entendre leurs réclamations. La session de 1820 ne leur a pas été favorable. Il ne s'agissoit pas, pour nos députés, d'examiner les très-humbles suppliques qu'on leur adressoit, mais de savoir ce qu'un parti pourroit dire à l'occasion de telle pétition, et ce que le parti opposé pourroit répondre. Dans la disposition où se trouvoient les législa-

teurs chargés de sauver la monarchie française
et la civilisation de l'Europe, tout étoit devenu
personnel. On auroit dit qu'une partie des colléges électoraux n'avoit envoyé des députés à
la Chambre, que pour lui apprendre ce qu'elle
devoit penser des députés envoyés à la Chambre
par une autre partie des colléges électoraux. Il
sembloit qu'on assistoit à une représentation
théâtrale où les acteurs, au lieu de débiter la
pièce annoncée par les affiches, s'amusoient à se
critiquer sur leur talent respectif, sur la honte
ou l'éclat de leur début, sur l'honneur des différentes troupes auxquelles ils avoient été attachés. Tous ces nobles débats, entremêlés d'injures, finissoient par des cris, des menaces, des
rappels à l'ordre; seulement quand un orateur
s'avisoit de parler raisonnablement, on se con-
tentoit de le rappeler à la question. Si l'esprit
de politesse distingue éminemment la monarchie française, ainsi que le disoient nos pères,
il seroit difficile de décider quel étoit le côté le
plus monarchique de la Chambre; chacun avoit
ses grands acteurs pour les scènes d'éclat; chacun avoit aussi ses personnages comiques pour
les *a-parte*, les sarcasmes et les bouffonneries;
et tel député royaliste, toujours disposé à lancer
une réflexion sur chacune des phrases débitées

à la tribune, a dit plus de paroles que le général Demarçay, sans avoir jamais prononcé un discours. Pour moi, qui me suis condamné à relire toutes ces belles choses, je n'ai pu en tirer qu'une conclusion, c'est qu'il faut que nos députés croient la France bien bête, pour se charger de lui dire ce qu'elle doit penser de ceux qui représentent devant elle. « Jouez, Messieurs, et » nous jugerons; nous reconnoîtrons le talent » partout où il se montrera ; nous saisirons les » bonnes intentions sans qu'on soit obligé de » nous les faire remarquer; les mauvaises aussi. » Ce n'est pas l'expérience qui nous manque. »

Deux piéges étoient tendus aux royalistes dans cette session, l'un par le ministère qui n'étoit pas fâché de les voir aux prises avec les libéraux, dans l'espoir qu'ils s'épuiseroient dans ces combats de parti à parti ; l'autre par les libéraux qui, en les poussant à outrance, avoient l'intention de leur faire dire de ces choses qui ne plaisent pas à la France, et qui échappent quelquefois dans la violence des débats. Les royalistes n'ont en effet pris aucune de nos libertés sous leur protection; et, si on leur présentoit le tableau des intérêts qu'ils ont blessés, ils en seroient effrayés. Cela a été si loin qu'ils se sont séparés de leurs propres forces, en déclarant que là où est le Roi, là est la France ; et cela au sujet de l'émigration qui s'est accomplie pendant que le Roi légitime, Louis XVI, étoit en France, et qui s'est terminée, par la bienveillance d'un usurpateur, pendant que le Roi légitime, Louis XVIII, étoit à l'étranger ; de sorte que tout le mérite de la fidélité resteroit à ceux qui ont persisté jusqu'à la chute de Buonaparte, nombre si petit qu'il est imprudent de lui sacrifier tout ce qui n'est pas lui. On ne connoît pas la France ; naturellement généreuse, elle plaint tous ceux qui ont souffert ; mais aussitôt qu'une situation réclame pour elle le privilége du malheur, à l'instant même elle se trouve isolée, tout intérêt s'éloigne ; et l'égoïsme de tous s'élève pour repousser l'égoïsme de quelques uns.

On s'étonne que plusieurs hommes de mérite du côté droit soient tombés dans des piéges si grossièrement tendus. Ce sont les ministres qui ont réveillé les partis, qui les ont mis en présence ; il faut laisser aux ministres le soin de combattre les assertions pernicieuses qui ne sont fortes aujourd'hui que de la protection que le ministère leur a long-temps accordée. Tout orateur royaliste qui se lève pour ré-

pondre à une attaque libérale, commet une
faute grave. Qu'il laisse les hommes; qu'il réserve son talent pour les doctrines, et que ce
ne soit jamais qu'en traitant un sujet d'un intérêt général, qu'il fasse valoir l'équité et la raison; alors il obtiendra de l'ascendant sur la
Chambre si elle est bien composée, mais toujours sur la France qui est juste et raisonnable,
comme toute nation en repos. Dans tous les
genres, l'exaltation aujourd'hui choque les esprits. Parce que notre nation a été passionnée
pendant la révolution, il ne faut pas croire
qu'elle consente à être dans une irritation continuelle en faveur du pouvoir spécialement
destiné à la ramener au repos. On s'ennuieroit
bientôt de n'être royaliste qu'à cause des dangers de la monarchie ou de la haine de la
révolution; et, sous un monarque qui a consacré l'union du pouvoir et des libertés, il est
impossible de se prendre d'enthousiasme pour
les députés qui ne servent que le pouvoir, ou
pour ceux qui ne veulent que la liberté; il
manque quelque chose aux uns et aux autres.

C'est surtout à l'occasion des pétitions qu'on
a pu remarquer combien il est facile à des
partis de tomber dans l'absurde, quand ils se
sont réciproquement fait une loi de n'être d'ac-

cord sur rien. Avec le principe incontestable
que le Roi est le chef de l'armée, et que le sort
des militaires est fixé par des lois et des ordonnances, il n'est pas d'injustices qu'on ne
puisse commettre, si un peu d'équité ne règne
dans tous les cœurs, si les mœurs publiques ne
viennent interpréter la législation. Alors tout
militaire qui n'est pas favorisé avance légalement, c'est-à-dire avec une extrême lenteur;
il tombe arbitrairement s'il déplaît aux ministres ou seulement aux commis. Cependant
qu'on essaie de faire des lois pour empêcher
la faveur de protéger les incapables, et la
haine de frapper le mérite, aussitôt il deviendra impossible d'avoir une armée. La raison
en est simple et toute française. *Où l'honneur
gouverne tout, la stricte justice ne seroit pas
suffisante.*

Il faut donc que l'honneur soit là pour régler le sort de ceux qui consacrent leurs années et sacrifient leur existence à la défense
de la patrie. Tout ministre qui met ses passions,
ses vengeances personnelles ou ses caprices
au-dessus de la délicatesse la plus scrupuleuse
lorsqu'il s'agit de prononcer sur la position
d'un officier, commet un crime de lèse-nation;
il affoiblit le véritable esprit militaire, en mon-

trant que, dans un pays libre, ceux qui portent les armes sont seuls esclaves. Bientôt les
soldats humiliés demandent des garanties aux
lois; s'ils en obtiennent, le pouvoir souverain
et la force des armées en souffrent; s'ils n'en
obtiennent pas, c'est pire encore; les hommes
de cœur renoncent à une profession dès lors
au-dessous de toutes les autres, puisqu'elle est
sans sécurité; et la force militaire se dégrade.
Ce que j'écris ici par supposition s'est réalisé
si souvent et dans tant de pays que, loin de
penser à le prouver, j'éprouve un peu de
honte d'être obligé de le dire. Hélas! on savoit
cela sous l'ancien régime; les usages, fondés
sur l'honneur le plus scrupuleux, suppléoient
aux lois positives, et tout militaire trouvoit
dans des mœurs généreuses la garantie de son
état. Sous l'usurpation, on savoit du moins
qu'il ne faut jamais pousser à l'extrême un
homme de courage, à cause des conséquences
possibles; et on n'arrachoit pas les moyens de
vivre aux braves qui n'avoient pas encore eu
le temps de se faire tuer tout-à-fait. On ne sait
plus rien de cela aujourd'hui. Et pourquoi le
sauroit-on? On peut impunément blesser les
intérêts les plus sacrés quand on a pour soi un
parti. Comme Polichinelle trouvoit toujours

sous sa main un de ses enfans pour battre les autres, le ministère va en avant, toujours sûr de trouver des hommes pour appuyer les principes avec lesquels on se dispense de raison, et les lois avec lesquelles on peut se passer de justice. Quand l'exaltation militaire tend à se retirer devant les malheurs qu'elle a produits, on ne réfléchit pas combien il est nécessaire de replacer le réel de la gloire sur les grandes idées d'honneur; on brise tout, comme si on craignoit que notre nation ne fût trop vivante; et on se plaint ensuite qu'elle se cherche dans ses souvenirs! Quelle étrange politique !

La Chambre des Députés ne devroit pas oublier qu'un militaire, qui lui adresse une pétition pour se plaindre d'une injustice, ne la considère pas comme un tribunal qui va lui appliquer les lois; c'est au contraire parce que les députés ne sont pas des juges, qu'on réclame leur assistance; c'est parce qu'ils peuvent faire mieux que des lois, qu'on leur montre l'insuffisance des lois. Tout pétitionnaire a l'espoir que la publicité des débats servira la société, en rappelant les hommes du pouvoir à la justice, telle que les cœurs nobles et généreux la conçoivent. Rien ne seroit en effet plus capable d'élever la Chambre dans l'opinion publique qu'une discussion sérieuse sur les intérêts qui, bien ou mal entendus, font d'un peuple le premier ou le dernier des peuples. C'est pour cela que le ministère craint les pétitions ; elles peuvent émanciper la Chambre, et renverser en sa faveur la prison qu'on appelle initiative ; c'est pour cela que les ministériels ont tant de fois déclaré qu'ils ne voient dans les pétitions qu'un objet de scandale, et qu'un député a proposé sérieusement, dans cette session, d'arranger si bien les choses à cet égard, qu'on n'en entendroit plus parler que dans les comités. Quel scandale, en effet, qu'une Chambre de Députés qui, par le seul fait de renvoyer une pétition à tel ou tel ministre, après l'avoir discutée, rappelleroit la France à tous les devoirs comme à tous les sentimens qui faisoient autrefois sa force, et raffermiroit l'ordre social en augmentant ses moyens de sécurité ! Un ordre du jour est bien plus décent ; tout le monde, d'ailleurs, peut demander l'ordre du jour ; cela ne compromet point et n'empêche pas de demander ensuite autre chose.

Dans la discussion relative à la pétition d'un chef de bataillon, se plaignant d'avoir été mis à la réforme sans traitement, et rayé du contrôle de l'armée sans jugement, rien n'a été plus remarquable que l'opinion émise par le général Donnadieu. Tout le monde savoit qu'il avoit été traité absolument comme le pétitionnaire, quelques jours avant, c'est-à-dire, depuis le premier discours qu'il avoit prononcé dans la Chambre; cependant ses pensées furent si élevées, qu'il devint impossible d'y découvrir le moindre ressentiment personnel. Et ces fameux royalistes, appelés à grands cris pour opérer le salut de la monarchie, ne réfléchirent seulement pas que, par leur terrible ordre du jour, ils sanctionnoient, autant qu'il étoit en leur pouvoir, la misère laissée pour récompense au général qui, certes, avoit fait quelque chose pour le salut de cette monarchie en réprimant l'insurrection de Grenoble, et qui, pendant les cent jours, avoit montré un dévouement que les Français les plus fidèles peuvent lui envier, car il fut utile. On a dit que la reconnoissance étoit la mémoire du cœur; comme *parti*, les royalistes ne connoissent pas cette mémoire-là; il leur reste toujours tant de choses à désirer, qu'ils oublient aisément ce qu'on a fait pour la cause qu'ils servent. D'ailleurs ils auroient craint, en soutenant le général Donnadieu, de voir sécher de suite le germe du bon ministère que promettoit l'élévation de MM. Villèle et Corbières, et probablement ils remettoient la justice à l'époque où les prodigieux talens de ces Messieurs suffiroient pour assurer le bonheur de tous et de chacun.

P. S. Les journaux m'apprennent à l'instant que MM. Villèle et Corbières viennent de donner leur démission ; cela est tout naturel, puisque la session est finie. Probablement, on les refera ministres au commencement de la session prochaine, et pour le même usage. Une fausse combinaison qui, en France, ne serviroit que pour une fois, sembleroit indiquer que l'expérience sert à quelque chose ; cela est contre l'usage. Cependant, je suis convaincu que les alliances par les hommes auront un peu moins de partisans à l'avenir, et que tous les députés qui ont du talent se rapprocheront par les doctrines. N'est-ce pas toujours aux doctrines publiques du gouvernement établi qu'il faut en revenir par goût, par raison ou par prudence ? Lorsque les Napolitains faisoient du bruit, et que les Piémontais avoient l'air d'en faire, si les Autrichiens avoient éprouvé un échec, les partisans du pouvoir absolu en France se seroient précipités partout où on auroit voulu leur permettre de jurer la Charte. Ce sont les Autrichiens qui ont triomphé , et nos libéraux se sont montrés aussitôt plus constitutionnels qu'ils ne l'étoient pendant que les affaires d'Italie paroissoient indécises. Cela est dans la nature des partis; ils veulent tous un peu mieux que ce qui est , en se réservant d'expliquer ce qu'ils entendent par mieux , dès qu'ils seront les plus forts; et quand leurs affaires vont mal , la lettre de la constitution leur suffit; ils y tiennent , et ne veulent pas qu'on s'en écarte. De ce mouvement des partis, ôtez les injures, il n'y reste rien qui puisse paroître extraordinaire à un observateur impartial. Les grands enfans de nos jours, qui s'imaginent que tout seroit bonheur et repos dans ce monde s'il n'y avoit pas de tribune ouverte aux passions des partis, n'ont pas considéré, sans doute, ce qui s'est passé en Europe depuis quelques années; ils auroient vu que les révoltes n'ont éclaté que dans les pays qui n'avoient pas d'assemblées délibérantes , et qu'on ne peut les attribuer, par conséquent , aux débats qui naissent de la défense publique des intérêts.

CHAPITRE XIV.

Création de soixante millions d'Annuités pour l'année 1821.

Nos armées ont été visiter l'Europe ; l'Europe nous a rendu, avec ses armées, les visites que nous lui avions faites ; des millions d'hommes sont morts ; quelques uns se sont enrichis ; toutes les nations se sont endettées. Celles qui sont pauvres appellent leurs dettes des dettes ; celles qui sont riches d'industrie appellent leurs dettes du crédit public. Nous sommes certainement au nombre des nations riches, malgré nos malheurs ; on en donneroit pour preuve la facilité avec laquelle nous faisons du crédit public selon nos besoins, et même un peu au-delà. Il est impossible de ne pas reconnoître que nos moyens de prospérité sont fondés sur des situations sociales qui n'existoient pas autrefois, puisque des guerres moins générales, terminées par des événemens moins désastreux, ont souvent laissé la France dans un état de misère dont le tableau, conservé par les historiens, fait encore aujourd'hui frémir notre sensibilité. Il est dans la nature de l'homme d'accuser le

temps qui est à lui, d'espérer le temps dont il
ne jouit pas encore, et de regretter le temps où
il n'étoit pas; les nations font de même. Je
n'en connois point qui n'ait vanté le passé aux
dépens du présent; et, pour peu qu'on aime à
lire, on peut toujours se procurer le plaisir de voir
louer, par la postérité, les siècles que les contemporains indiquoient déjà comme une époque
de décadence. L'esprit de l'homme ne veut
pas rapprendre; quand tout change autour de
lui, il s'obstine à juger par les idées qu'il a
acquises, des situations qui n'y ont plus de rapports. Exigeroit-on trop en demandant que le
respect dû aux temps passés n'empêchât pas
de jouir des avantages qui tiennent à une autre
civilisation? Tout le monde agit ainsi en réalité;
mais quand les esprits se mettent à discuter sur
le mal, le bien et le mieux, les paroles et les
actions ne sont plus d'accord. Il est vrai que
tandis qu'on discute, les nations marchent, faisant des dettes quand elles ont la fureur d'aller vite, promettant de les payer quand elles
seront en repos. Lorsqu'elles accomplissent leurs
promesses, elles ont le droit de dire aux dé-
tracteurs des temps modernes : « Citez-nous
» beaucoup d'époques où nos aïeux aient fait
» de même. » En France, la réponse seroit em-

barrassante ; ce n'étoit pas dans la foi due aux engagemens pris par les ministres des finances que le pouvoir absolu avoit placé l'honneur des nations.

Le 25 mars 1817 *toutes les branches* du pouvoir législatif s'étoient réunies pour faire une loi par laquelle il étoit dit que trois cents millions de nos dettes, appelées reconnoissances de liquidation, seroient payées *intégralement* par cinquième d'année en année, à commencer de l'an de grâce 1821, et que ce paiement s'effectueroit, au choix des preneurs, en numéraire ou en inscriptions de rentes, au cours moyen des six mois qui auroient précédé l'époque du remboursement.

Au premier coup d'œil, il semble qu'il n'ait pas fallu de génie pour faire cette loi dout j'ai littéralement cité toutes les expressions ; et cependant on est stupéfait d'admiration quand on songe combien les siècles ont dû amener de combinaisons sociales avant qu'une nation sût qu'il faut d'abord liquider, puis faire des reconnoissances de liquidation, puis s'engager cinq années d'avance à les payer, à les payer intégralement, et même indiquer en quelle valeur on les paiera. Qu'on cherche, dans les instituts de saint Louis, quelque chose qui ressemble à une loi de ce genre. Quel dommage que M. le ministres des finances soit venu déranger quelques unes de ces combinaisons, et proposer à toutes les branches réunies du pouvoir législatif de faire une autre loi pour modifier cette loi! Si on n'y avoit rien changé, on ne se seroit pas cru dans la France d'autrefois; les partisans du régime nouveau triomphoient. Une volonté arrêtée quatre années d'avance s'exécutant ainsi qu'il avoit été dit; c'étoit déjà plus que la Charte.

Il faut rendre justice au ministère; dans ses modifications, il n'ôte rien aux créanciers de l'Etat; au contraire, on ne voit guère que le Trésor, et par conséquent les contribuables, qui aient à courir des chances hasardeuses. C'est encore ce qui distingue ce siècle des siècles qui l'ont précédé; alors tous les dangers d'avenir étoient pour ceux auxquels le Trésor devoit.

De quoi s'agit-il après tout? 1°. de confier au ministre des finances la masse de rentes jugée nécessaire pour payer, en 1821, le cinquième échu des reconnoissances de liquidation; 2°. de laisser entre les mains du ministre, cette masse de rentes comme gage du capital et des intérêts desdites reconnoissances; 3°. de donner aux porteurs desdites reconnoissances

non du numéraire, non des rentes, mais des
annuités pour la valeur de soixante millions,
lesquelles annuités seront remboursables en six
années; de sorte qu'on ne paiera effectivement,
en 1821, que la sixième partie de la somme
qu'on avoit promis d'éteindre cette année; et
comme cela recommencera nécessairement pour
soixante millions en 1822, pour soixante millions en 1823, pour soixante millions en 1824,
pour soixante millions en 1825, ce que la loi
première avoit déclaré devoir être terminé à
cette époque, ne le sera qu'en 1831.

Cette opération se fait non seulement sans
contrainte, mais de l'aveu et par le désir des
porteurs de liquidation ; ce qui prouve qu'ils
trouvent plus de profit dans ce système que
dans le précédent, et par conséquent qu'il y a
perte pour le Trésor. Cela doit être. Si la fortune
du Trésor ne se composoit pas des privations
des contribuables, il n'y auroit rien à dire sur
le fond des choses; mais il resteroit encore à
examiner s'il est de la politique d'un gouvernement d'ajourner ce qu'il auroit pu payer si
les affaires eussent été conduites avec économie,
et de faire des dettes à époque fixe de remboursement, lorsqu'il étoit assez heureux pour
trouver de l'argent à volonté par des emprunts

en rentes. Ces emprunts en rentes ont le grand
avantage de ne jamais placer le Trésor dans la
nécessité d'appliquer à des engagemens impérieux des recettes que des événemens récens
réclameroient d'une manière si vive que les
fautes d'autrefois se reproduiroient, malgré la
science financière que nous avons acquise. Cette
question est d'une haute importance.

Nous sommes si avancés sur la politique
des partis, nous savons si bien ce qu'ils
veulent, que je me suis promis de ne citer
aucune de ces opinions dans lesquelles on
trouve tant de passion pour la légitimité que
les Turcs même y sont compris, ou tant d'ardeur pour la liberté que la révolte peut en
prendre sa part. Mais il s'agit ici d'une question de finances, traitée d'une manière vraiment parlementaire; et tous les hommes qui
pensent que ce n'est point pendant qu'on discute une mesure, mais lorsqu'elle est discutée,
qu'il faut l'étudier, me sauront gré de leur
rappeler le discours de M. Bertin-Deveaux.
Il peut aussi faire comprendre aux députés,
partisans du pouvoir et des libertés, l'utilité
du conseil que j'ai cru devoir leur donner, en
leur disant de ne jamais professer de doctrines
politiques qu'en traitant un sujet d'un intérêt

général. Les doctrines d'un orateur doivent se montrer dans tous les discours qu'il prononce en discutant un projet de loi ; quand elles sont présentées seulement comme opposition à d'autres doctrines, elles n'ont plus l'air aujourd'hui que de déclamations.

Discours de M. Bertin-Deveaux , sur le projet de loi
relatif aux annuités.

Avant d'entrer dans l'examen du projet de loi qui vous est soumis, qu'il me soit permis de discuter une objection préliminaire qui n'est pas sans importance. Comment, m'a-t-on dit, vous allez parler contre le projet ministériel ! Ne craignez-vous pas, par cette agression, de briser l'heureuse alliance qui unit la majorité de cette Chambre avec le ministère ? Non, Messieurs, je ne le crains pas, parce qu'il y a dans le ministère des hommes pour lesquels je fais profession de la plus sincère vénération, qui savent respecter dans leurs amis la liberté qu'ils réclament pour eux-mêmes. Je ne connois point d'ailleurs ce traité d'alliance dont on parle ; je n'en ai jamais vu la minute ; on ne m'a point invité à y apposer ma signature, et l'on a bien fait, car je l'aurois certainement refusée. Je vote avec tous les hommes droits et sincères qui pensent comme moi, sans songer de quels élémens la majorité se compose. Député obscur, je n'ai point la prétention de commander des votes à personne ; mais aussi personne ne m'en commandera ; et, pour première preuve de mon indépendance, j'entre en matière, sans songer qui m'a précédé à cette tribune, ou qui pourra m'y suivre.

La loi que nous discutons, Messieurs, n'est pas entièrement comprise dans les quatre petits articles rédigés par M. le ministre des finances : elle n'est en elle-même que la première application d'un système qu'on veut introduire parmi nous, et ce système est tout entier dans le discours qui précède la loi ; or, c'est ce système que je veux combattre comme dangereux pour la paix publique, comme funeste au crédit du gouvernement, et je dirai même comme immoral.

Commençons par prouver que c'est un système qui embrasse une partie de notre avenir. Voici dans quels termes s'énonce M. le ministre :

« Ces combinaisons, appliquées d'abord au premier
» cinquième (des reconnoissances de liquidation),
» pourront être étendues par la suite au rembourse-
» ment des quatre autres cinquièmes. »

Vous le voyez, Messieurs, il ne s'agit pas séulement de créer cette année 60 millions d'annuités. Les quatre années suivantes les mêmes besoins ramèneront les mêmes combinaisons, et, dans l'espace de cinq années, vous aurez créé pour 300 millions de dettes à échéances fixes !

Il est donc vrai qu'aucun principe ne peut s'établir dans notre pays : avant cette fatale proposition d'annuités, tout le monde paroissoit d'accord que des engagemens à époques fixes étoient un danger pour les gouvernemens ; qu'une nation riche et puissante ne

devoit emprunter que par la forme de rentes perpétuelles, appuyées sur un système d'amortissement pro-
portionnel : l'expérience du malheur, l'expérience de
la prospérité avoient également consacré cette doctrine.
Puisqu'elle est de nouveau contestée, et, ce qui est
plus déplorable encore, puisqu'elle est abandonnée, il
faut bien de nouveau la défendre, et rappeler tous les
principes sur lesquels elle se fonde.

Un gouvernement ne doit pas emprunter à échéances
fixes, parce qu'il n'a que des revenus, et point de
capitaux disponibles, point de valeurs à aliéner pour
se procurer les capitaux qui lui manquent : il ne peut
engager que l'excédant de ses revenus ; or cet excédant,
toujours limité de sa nature, ne peut éteindre une dette
que dans une longue suite d'années.

Le banquier, au contraire, qui n'a que des capitaux, peut contracter impunément des engagemens à
échéances fixes, et son crédit n'en sera point ébranlé,
s'il sait combiner ses propres forces avec celles des personnes pour lesquelles il s'engage. C'est en dédaignant
cette importante distinction que M. Necker, banquier
habile autant qu'inhabile ministre, a imaginé, dans son
premier ministère, de subvenir aux besoins du temps
par des emprunts à terme, et les emprunts de M. Necker
ont été une des causes de nos malheurs.

Un gouvernement ne doit pas emprunter à échéances
fixes, parce que son avenir ne dépend pas de lui ; il emprunte sous les auspices de la paix, et quand l'échéance
arrive, une guerre furieuse étend partout ses ravages.
Bien loin de trouver alors dans ses revenus un excédant

nécessaire, il est obligé de se créer à grands frais des ressources extraordinaires.

Il emprunte sous les auspices de l'abondance, au sein de la plus riante prospérité, et quand l'échéance arrive, une affreuse disette porte en tous lieux la désolation ; la misère pousse les cœurs au désespoir, le riche tremble, le pauvre murmure, des cris de révolte éclatent de toutes parts ; le gouvernement se résigne aux plus douleureux sacrifices pour alléger la souffrance des peuples. Souvenez-vous de 1816.

Que seroit-ce si la Providence venoit à permettre que le double fléau de la guerre et de la famine fondissent à la fois sur notre malheureuse patrie, dans ces années terribles où, par suite du nouveau système, nous aurions une dette exigible de 50 à 60 millions à payer au-delà des services ordinaires, et où nous aurions de plus à supporter l'énorme fardeau d'une dette flottante de plus de 300 millions ! C'est alors que ces mêmes capitalistes qui, aujourd'hui, pour vous entraîner dans la route périlleuse des emprunts à échéance fixe, exaltent votre crédit, et se parent à vos yeux d'un dévouement sans bornes, vous feroient cruellement expier la douceur perfide de leurs offres. Ces hommes, Messieurs, ne sont pas seulement habiles à calculer des intérêts, ils savent aussi calculer les chances cruelles de la politique ; ils savent que les nations comptent presque autant d'années malheureuses que d'années heureuses ; ils vous attendent à l'adversité, et c'est alors qu'ils vous feront payer cher votre imprévoyance. Tel qui aujourd'hui vous étale complaisamment vos ressources, et vous offre de prendre

à 5, que dis-je ? à 4 p. o/o vos annuités, quand le temps
sera venu de spéculer sur vos dangers, sur vos malheurs,
sur votre discrédit habilement préparé, ne sera plus
qu'un impitoyable créancier qui vous vendra au poids
de l'or la honte d'un déplorable atermoiement. Alors,
cette noble indépendance du Trésor royal, si sagement
fondée par le bon sens de cette Chambre tant calomniée
de 1815, ne sera plus qu'un vain songe. Les capitalistes
y règneront en vainqueurs ; au nom de la nécessité ils
vous dicteront des lois. Et quelles lois ! Dieu vous
garde, Messieurs, de la domination désintéressée des
capitalistes !

On me dira peut-être que j'exagère, que je combats
des chimères, que l'on peut créer des annuités cette année
et n'en point créer l'année prochaine. Non, Messieurs,
mes craintes ne sont point chimériques ; souvenez-vous
des propres paroles de M. le ministre des finances ;
et, certes, ce seroit déjà un grand bien produit par
cette discussion, que la nécessité où elle auroit réduit
nos adversaires, de reculer devant leurs propres projets, et de s'arrêter dans les voies de l'erreur. Mais,
Messieurs, ne vous y trompez pas : quand on sait avec
certitude qu'une route aboutit à un abîme, y entrer
même avec l'intention de s'arrêter avant le terme fatal,
est une imprudence vraiment coupable ; le plus sûr,
croyez-moi, est de n'y pas mettre le pied.

Je regarde donc comme certain que le système des
annuités est dangereux pour le crédit et pour la tranquillité publique, si intimement liés l'un à l'autre : je
vous ai dit de plus qu'il étoit immoral. En effet, Mes-

sieurs, j'entends parler de primes, de lots tant gros que petits, avec lesquels on espère allécher la cupidité des spéculateurs. Qu'on ne me dise pas que la loi est muette à cet égard ; M. le ministre des finances, qui dans son discours nous a prouvé qu'il entendoit être la loi vivante, s'exprime en ces termes :

« Cette prolongation, nous ne l'exigerons pas par
» contrainte ; nous espérons l'obtenir volontairement,
» en ne faisant que prolonger les échéances d'effets
» dont les avantages et les combinaisons paroissent
» plaire à un grand nombre de capitalistes, et en leur
» offrant, avec une entière sécurité, dans les fonds
» français, des avantages et des chances qu'ils vont
» chercher au dehors. »

Vous l'entendez, Messieurs, des *avantages* et des *chances!* Quels sont ces avantages, quelles sont ces chances, sinon ces déplorables appâts de lots et de primes dont je vous parlois, moyens immoraux dont le résultat est de livrer les cœurs à une cupidité effrénée, et d'accoutumer les peuples au spectacle de fortunes dont le principe n'est point le travail, de fortunes qui ne sont point le produit du temps et de l'ordre, et qui ne doivent leur existence, presque toujours éphémère, qu'à des spéculations stériles et improductives! Mais ces séductions, on les emploie avec succès dans d'autres pays. Qu'importe, Messieurs, l'exemple de nos voisins en pareille matière? Lorsqu'il s'agit de morale publique, la France doit-elle chercher un autre modèle qu'elle-même? Ah! si nous voulons ressembler en quelque chose à nos voisins, que ce soit du moins par les beaux côtés : leur respect pour la foi publique, pour les droits acquis, leur fidélité aux lois fondamentales, leur attachement aux libertés civiles et politiques, leur haine pour l'arbitraire ; voilà ce qu'il faut imiter, et non pas ces misérables combinaisons de Bourse, ces piéges à la cupidité, qui dénatureroient le caractère français, et ne tarderoient pas à transformer le peuple le plus désintéressé de l'univers en ce qu'il y a de plus vil au monde, en un peuple d'agioteurs.

S'il est prouvé que la loi est dangereuse pour le crédit du gouvernement, corruptrice de la morale publique, que faut-il de plus pour vous déterminer à la rejeter ? Et cependant, Messieurs, il est de mon devoir d'ajouter qu'elle est de plus contraire à l'esprit de la Charte constitutionnelle. Le vote annuel de l'impôt foncier consacré par l'art. 48 de la Charte, n'est-il pas la plus forte garantie des libertés françaises ? Mais que deviendra cette garantie, si, sous le prétexte de faciliter une opération financière, et pour la plus grande commodité de M. le ministre, vous lui confiez 120 millions, lorsque dans la réalité il n'en a que 60 à payer ? Vous me direz peut-être que les coups d'Etat ne sont pas à la portée de tout le monde ; vous me direz que M. le ministre des finances est plus éloigné que tout autre d'en avoir la pensée, je le sais, Messieurs, et c'est un hommage que je suis, comme vous, disposé à lui rendre ; mais qu'importe ma confiance et la vôtre dans tel ou tel ministre ? Malheur à nous si, en considération d'un homme, nous faisons fléchir les doctrines constitutionnelles ! L'esprit de la Charte est que le gouvernement n'ait pardevers lui qu'une année d'indépendance financière. Lui donner les moyens de prolonger cette indépendance au-delà du terme légal, c'est compromettre de gaîté de cœur toutes vos garanties, c'est aller contre l'esprit de la Charte, et telle ne peut être votre intention. A cette considération si grave viennent se joindre tous les inconvéniens qui pourroient résulter, dans des mains moins pures que celles de M. le ministre, de cette accumulation de doubles valeurs. Quel terrible pouvoir que celui d'un homme qui peut ainsi à son gré verser sur la place, ou en retirer 4 millions de rentes au comptant? N'est-ce pas le constituer l'arbitre souverain de la hausse et de la baisse, et lui donner une véritable dictature sur la fortune publique comme sur les fortunes privées? A cela on me répond qu'on peut bien confier 4 millions de rentes de plus à celui qui déjà dispose de 12 millions de ces mêmes rentes. En fait, l'objection est fausse, du moins pour la plus grande partie. Presque toutes ces rentes ne sont pas à la disposition journalière du ministre : elles sont presque toutes mises en gage, et les prêteurs ne sont pas gens à les laisser sortir avant remboursement; mais soit, j'admets l'objection tout entière, le ministre déjà dispose à son gré de 12 millions de rentes, n'est-il pas incompréhensible de justifier l'absurde par l'absurde, l'inconstitutionnalité par l'in-constitutionnalité, et les dangers futurs par les dangers que déjà l'on court?

On insiste, Messieurs; et, pour nous amener à cette confiance sans bornes, on met en avant la responsabilité ministérielle. La responsabilité est un beau mot; mais comme en droit et en fait j'ignore ce que c'est, permettez moi de ne pas m'y fier plus que de raison. Y a-t-il eu responsabilité pour ce ministre qui, pouvant conserver 60 millions à son Roi, a mieux aimé les laisser en 1815 à la merci de l'usurpateur? Y a-t-il eu responsabilité en 1818 pour ce ministre, qui a fait perdre tant de millions au Trésor pour opérer une hausse désastreuse, suivie d'une baisse plus désastreuse encore (1)?

Après vous avoir exposé les raisons qui me déterminent à voter contre les annuités, il me reste à examiner les argumens de ceux qui les défendent.

On nous dit que si le ministre est obligé de vendre 4 millions de rentes pour payer les 60 millions de reconnoissances de liquidation, cette émission subite de rentes nouvelles fera fléchir le cours, et qu'il est impossible de calculer où la baisse pourra s'arrêter. Ne diroit-on pas que le montant des reconnoissances de liquidation, que l'obligation de les payer sont de fâcheuses découvertes qui datent d'hier? Est-ce qu'à Paris comme à Londres, comme à Amsterdam, quelqu'un ignoroit cette partie si importante de nos dettes? Oseroit-on prétendre que c'est parce qu'elle étoit inconnue que le crédit de nos rentes perpétuelles s'est élevé? Est-ce qu'en lisant, en méditant la loi du 25 mars 1817, joueurs à la hausse, joueurs à la baisse, amis et ennemis, tout le monde ne s'étoit pas attendu qu'à leurs échéances respectives toutes les reconnoissances de liquidation seroient remplacées par

---

(1) M. Corvetto.

des rentes perpétuelles ? Pourquoi donc ce qui étoit prévu, ce qui étoit connu, ce qui n'effrayoit personne, ce qui n'a point empêché la hausse, feroit-il peur aujourd'hui à tout le monde, et nous exposeroit-il à cette baisse épouvantable dont on nous menace ? Allons au fait, Messieurs ; quel est le véritable principe du crédit ? L'excédant de l'*actif* sur le *passif* ; mais s'imaginer alléger le passif parce qu'on l'aura divisé par chapitres auxquels on aura donné des titres différens, c'est une plaisanterie, une puérilité véritable. Que vous empruntiez en rentes ou en annuités, ce qui reste constant, c'est que vous avez besoin d'emprunter cette année 6o millions, et que, sous une forme comme sous une autre, vous les trouverez parce qu'on vous croit riches ou solvables.

Est-ce bien sérieusement, Messieurs, que, pour donner quelque consistance à ces menaces de baisse, on vient vous parler de l'émission subite de 4 millions de rentes ? Hé ! qui donc obligera le ministre à vendre en un jour, en une semaine, en un mois, toute cette masse de rentes nouvelles ? L'heureuse situation du Trésor ne lui permet-elle pas au contraire une émission successive et presque insensible ? Que de facilités lui donne pour traiter avec avantage la rentrée toujours prématurée des recettes sur les dépenses qui laissent presque constamment au Trésor une avance de 4o à 5o millions. Ne pourra-t-il pas s'aider momentanément de l'inconcevable privilége qu'il tient de l'usage, de votre tolérance plus que de la loi, du privilége d'émettre à volonté des *bons du Trésor ?* Bien loin de croire à une

baisse qui déprécieroit les 4 millions de rentes demandées, au point qu'ils ne puissent pas suffire au paiement
des premiers 60 millions de reconnoissances de liquidation, je suis persuadé qu'ils laisseront un excédant
de 7 à 8 millions, et je vous proposerai, pour faire
disparoître jusqu'au prétexte d'inquiétude, d'en doter
la Caisse d'amortissement. La Caisse d'amortissement!
voilà, Messieurs, le principe de votre crédit, le principe
de votre puissance, parce que tout le monde y voit la
garantie certaine de votre prochaine libération.

Comme je n'ai pas moins de bonne foi en finances
qu'en politique, je dois avouer que les annuités ont un
caractère particulier qui peut leur concilier une partie
de la faveur publique : elles ont l'avantage d'être au
porteur, et cet avantage est d'un grand prix, surtout à
une époque où le souvenir des proscriptions, où la
crainte de proscriptions nouvelles, troublent encore
bien des cœurs. Il faut aussi songer aux étrangers qui,
dans le cas d'une guerre, peuvent craindre de voir se
renouveler d'odieuses confiscations, et qui se flattent
de s'y dérober sous le voile de l'anonyme. Mais cette
considération ne prouve rien en faveur du système des
annuités. La seule conséquence pratique à en tirer seroit
qu'il y auroit utilité à laisser aux propriétaires de rentes
sur l'État la faculté d'opter entre des inscriptions au
porteur et des inscriptions nominales.

Je crains, Messieurs, d'avoir fatigué votre patience ;
ainsi je termine sans péroraison, en vous proposant
d'amender la loi, ainsi qu'il suit :

Art. 1er. Il est ouvert au ministre des finances un

crédit en rentes, cinq pour cent consolidés, de la somme de 4 millions, avec jouissance du 22 mars 1821.

2. Le ministre est autorisé à vendre et à négocier successivement ladite partie de 4 millions de rentes, jusqu'à la concurrence de 60 millions, lesquels seront employés au remboursement du premier cinquième des reconnoissances de liquidation. L'excédant en rentes qui n'auront point été vendues, sera remis par le ministre, dans le plusbref délai, à la Caisse d'amortissement, en augmentation de son capital.

Il ne faut pas demander pourquoi un discours, aussi éminemment juste dans tous ses points, n'a pas terminé la discussion. On doit s'étonner au contraire qu'il ait produit assez d'effet pour que tous les députés opposés au projet ministériel, se soient réunis à l'amendement proposé par M. Bertin-Deveaux, indépendamment de leurs opinions, et que, l'amendement n'ayant pu passer, il se soit trouvé, au vote général, 114 voix pour rejeter la loi, et 247 pour l'accepter. Dans une opinion où il y a de l'avenir, n'est-il pas surprenant d'avoir réuni 114 voix, au commencement d'une session où toute la prévoyance des royalistes n'avoit pas encore été plus loin qu'à confier aux anciens ministres le soin de faire prospérer le germe d'un ministère nouveau qui ne pouvoit croître que pour les renverser ? L'aveuglement des amis de M. Villèle étoit si complet, qu'ils s'en alloient partout répétant que le discours de M. Bertin - Deveaux annonçoit suffisamment qu'il trahissoit les royalistes; et cela parce qu'il avoit montré de la raison et de l'indépendance. Qui n'a pas entendu dire, par les mêmes hommes et à la même époque, que le général Donnadieu devoit passer au côté gauche ? Il faut tenir note de ces sottises, parce que ce sont toujours les sots qui trahissent le secret des partis. Dans cette discussion au contraire, les hommes forts des deux côtés ont oublié leurs opinions politiques; et si les attaques persounelles se sont fait jour, ce n'a été ni au nom du pouvoir, ni au nom des libertés, mais pour des intérêts d'argent. M. le ministre des finances ayant dit que la publicité et la concurrence, demandées par plusieurs députés du côté gauche dont les maisons de banque font de grandes affaires sur le crédit public, ne consistoient qu'à assurer un monopole en faveur de ceux qui voudroient accaparer les soixante millions d'annuités, M. Mauuel est monté à la tribune pour défendre, en ces termes, la pureté de ses amis :

« Le ministre n'a pas craint de dire que les intentions des adversaires du projet étoient évidemment de faire baisser le taux de la rente, afin d'établir un jeu condamnable sur les effets publics. Je ne sais comment qualifier une telle imputation ; mais il n'y a, dans les propositions de mes honorables amis, pas un mot qui tende à ce but. Le ministre n'a nullement justifié cette imputation calomnieuse.

» Nos inquiétudes à nous sont bien plus fondées. Supposez (je ne parle que par supposition) qu'il existât un gouvernement représentatif où l'administration, repoussée par l'opinion publique, et méprisant cette même opinion, voulût se maintenir par des moyens de corruption envers des pairs ou des députés ; cette administration ne pourroit porter dans son budget des dépenses aussi honteuses. Que feroit-elle dans ce cas ? Elle emploiroit des voies détournées.

» Par exemple, s'il s'agissoit d'un emprunt comme en 1814, les ministres diroient à leurs amis : Nous n'admettons que vous pour souscripteurs, et, dans quelques jours, vous pourrez revendre vos actions avec un bénéfice considérable.

» Ils créeroient une place d'agent de change, et diroient au titulaire : Vous aurez la bonté, en reconnoissance de votre nomination, de compter cent mille francs à un de nos amis.

» Ils exigeroient d'un receveur général qu'il traitât avec une de leurs créatures, ou bien ils disposeroient en faveur de leur ami, d'une place de receveur d'arrondissement.

» Supposez, comme dans l'espèce (car ce n'est encore qu'une hypothèse), que les ministres fussent obligés de payer soixante millions à des créanciers, ils s'arrangeroient d'avance avec une compagnie de leur choix, et se donneroient bien de garde d'introduire quelque publicité dans ces transactions, parce qu'ils se réserveroient des sommes pour corrompre. »

Bien qu'à titre d'historien de nos débats législatifs, il me soit permis de prendre mes citations comme elles me conviennent, je n'aurois pas choisi les suppositions mises en avant par M. Manuel, si elles ne m'avoient offert l'occasion de faire remarquer que les discours des députés, repoussés à la tribune par l'amour-propre d'un ministère trop minutieusement jaloux de paroître au-dessus de l'opinion, ne sont pourtant pas sans effet, lorsque ces discours contiennent des observations si justes, qu'on ne peut les négliger long-temps sans accréditer des soupçons qu'aucun administrateur ne brave impunément. Ainsi les députés du côté gauche, dont les maisons de banque soutiennent et travaillent le crédit public, out plusieurs fois réclamé la publicité et la concurrence dans les emprunts ouverts par le gouvernement; plusieurs fois aussi ils ont fait remarquer combien il étoit contraire à l'esprit d'un gouvernement libre de laisser à la disposition du Trésor des masses de rentes dont l'emploi hasardé pourroit compromettre nos plus grands intérêts. Jamais des députés n'avoient obtenu de réponses satisfaisantes; et cependant le 9 août 1821, quelques jours après la clôture de la session, plus de 12 millions de rentes, qui étoient à la merci du Trésor, ont été vendus avec une publicité, une concurrence si complètes, qu'on ne sauroit rien exiger de plus, même en Angleterre. Il en sera sans doute de même pour les 60 millions d'annuités; le ministère ne voudra pas s'entendre dire qu'il est entré dans ce nouveau système, parce qu'il n'y avoit plus rien de mystérieux dans le système des emprunts par vente de rentes. Sans doute, les *amis* du ministère y perdroient quelque chose, d'après les suppositions de M. Manuel; mais les ministres ne peuvent-ils avoir des amis qu'à des conditions qu'on n'avoue pas? Qu'ils essaient de la raison, de l'impartialité, du respect pour les lois, et ils verront combien cela profite, et coûte peu, une fois l'habitude prise.

C'est ainsi que nous entrons de fait dans toutes les conséquences du gouvernement représentatif, sans cependant vouloir en adopter franchement les doctrines, oubliant que les véritables causes de la révolution, les seules cependant qu'on n'avoue pas, sont tout entières dans le combat qu'il y avoit entre les doctrines qui s'étoient introduites dans les esprits, et les habitudes de l'ancienne monarchie. C'est un malheur pour les gouvernemens qui arrivent à ces tristes époques où les allures du pouvoir sont en contraste avec les pensées publiques, bonnes ou mauvaises; mais ce malheur n'est à craindre pour nous maintenant qu'autant qu'il seroit provoqué. La Charte répondant à toutes les pensées, il suffiroit de s'y confier de bonne grâce pour voir aussitôt tomber ce qu'on appelle l'esprit révolutionnaire. La nation qui ne regarde jamais comme des sacrifices ce qui assure l'éclat du trône, qui se montre si facile dans la discussion des dépenses publiques, ne doit pas paroître exigeante, en réclamant que la bonne foi la plus évidente préside à l'emploi des sommes qu'elle accorde; et que les lois soient faites dans l'intérêt de ceux qui paient, bien plus qu'au profit de ceux qui sont payés.

CHAPITRE XV.

Circonscription des Arrondissemens électoraux.

Il est rare qu'on puisse défaire une loi pour en refaire une autre, sans tomber aussitôt dans la nécessité de produire une foule de petites lois accessoires qui règlent l'exécution de la loi principale.

Selon le système électoral de 1817, qui venoit de plus loin, tous les électeurs d'un même département se rendoient dans la même ville pour procéder ensemble à la même opération, et cette ville étoit toujours le chef-lieu de la préfecture, ce qui étoit commode pour les préfets qui ont beaucoup à faire dans l'élection de nos députés. Par la loi d'élection de 1820, les nominations, confiées aux colléges électoraux du second cens, se font dans les arrondissemens; et, comme il n'y a pas autant de colléges électoraux par département qu'il y a d'arrondissemens, il a fallu implorer le secours des lois pour morceler la population.

Ce travail paroît simple à quiconque s'imagine qu'il suffisoit de consulter les localités, et de se décider par la facilité que les électeurs trouveroient à se rendre au lieu indiqué pour donner leur vote. Cette facilité de communications n'est pas naturellement fort grande en France. Depuis qu'on a brisé nos anciennes provinces pour en composer des départemens, nous avons fait des routes dans le Simplon, dans les Etats romains, en Hollande, en Westphalie et autres lieux; mais nous n'avons pas pensé à faire communiquer ensemble les arrondissemens d'un même département; et il y a tel sous-préfet, à cent lieues de Paris, auquel il seroit plus commode, plus expéditif de correspondre directement avec les bureaux du ministre de l'intérieur, qu'avec le préfet sous la direction de qui il est placé.

Même en ne consultant que les localités, on pouvoit donc tourmenter suffisamment les électeurs; mais, pour multiplier les embarras qu'on vouloit leur donner, on s'est mis à consulter les opinions. C'est une chose bien singulière que les opinions dans le siècle où nous sommes! Non seulement on les applique aux individus quand on veut savoir s'ils ont de l'esprit, du talent, de la probité, mais on en fait aussi usage pour calculer l'estime qu'on doit à une localité. J'ai entendu dire bien des fois, et sérieusement, que telle rue de la capitale étoit royaliste, et que telle autre rue étoit libérale ; de sorte qu'il suffiroit de déménager à chaque variation de système politique, pour se trouver toujours en rapport de sentiment avec les circonstances.

Les électeurs provinciaux ne peuvent jouir de cet avantage ; c'est un malheur. Vivant sur leurs propriétés, dirigeant de grands établissemens d'industrie, il faut qu'ils restent où ils sont ; la loi s'est chargée de leur procurer de l'exercice, en les faisant voyager d'une manière toute particulière. Ceux qui sont domiciliés dans un canton dit royaliste, iront, à travers monts et vallées, voter dans un arrondissement où cette opinion domine, tandis que leurs voisins, qui habitent un canton dit libéral, attendront, dans leur domicile, qu'ils viennent, à travers les bois et les marais, des électeurs de cette opinion pour voter avec eux. Cela change selon les départemens ; ici ce sont les libéraux qui voyageront davantage ; là, les royalistes. Que de chemin ne feroit-on pas en France pour rencontrer des gens avec lesquels on seroit d'accord sur tout ! Afin de donner un peu de gaîté à ces marches et contre-marches, j'aurois voulu que la loi eût décidé impérieusement que les électeurs en voyage auroient de la musique à leur tête, comme, dans les derniers momens de l'usurpation, on avoit ordonné aux préfets, qui n'avoient pas même de paille à fournir aux conscrits en route, de les faire accompagner par des violons, afin de les distraire. Je recommande cet amendement aux ministres la première fois qu'ils changeront de système électoral.

On prétend que le ministère avoit mis assez d'impartialité dans le projet qu'il a présenté ; mais que la commission, chargée de l'examiner et d'en faire le rapport, a travaillé avec une connoissance si profonde de l'opinion des localités, qu'on pourroit à la rigueur considérer les amendemens comme autant de créations de fiefs électoraux ; du moins cela a-t-il été dit dans la discussion ; ce qui a fait rire nos députés. Ils sont si gais ! Comme les ministres n'ont pas pris la parole dans les débats qui ont eu lieu à cet égard, il est probable que leur impartialité tenoit à ce qu'ils se soucient fort peu des fatigues des électeurs, et qu'ils ne vouloient pas se brouiller avec le côté droit pour si peu de chose. La loi de la commission a donc obtenu la préférence sur la loi du ministère.

Les petites combinaisons, dans de grands intérêts, servent pour si peu de jours et ont des inconvéniens si graves, qu'il seroit temps d'y renoncer. La France ayant long-temps à vivre sous la forme de gouvernement qu'elle a adoptée, en dépit des précautions prises par les lois d'un moment, il faudra bien qu'une majorité franche se produise dans la Chambre, puisqu'elle existe hors de la Chambre. Chaque jour, la mort frappe le passé et avance l'avenir. Les prétendues opinions de localité changeront; et fît-on des *bourgs-pourris* comme en Angleterre, les députés qui en sortiront finiront toujours par être choisis dans des intérêts indiqués par les besoins et les passions du temps où on les élira. Cette vérité a été développée à la Chambre des Pairs par M. le prince de Talleyrand. On pourroit croire qu'il n'avoit long-temps gardé le silence que pour laisser à toutes les folles prétentions le temps de reconnoître leur impuissance, et que, s'il a plusieurs fois exprimé ses pensées dans cette session, c'est qu'il croit le moment venu où la raison et l'expérience des hommes et des affaires peuvent se montrer utilement. Je suis entièrement de cet avis. Après avoir vainement cherché dans les partis des forces qui n'y sont pas, et dans les ministres une habileté qui n'y est pas , il faudra bien qu'on cherche l'unité de la France où elle est ; et la bonne foi dans l'interprétation de la Charte qui nous régit , prouvera aux plus incrédules que les nations ne sont puissantes que par l'accord des lois et des doctrines avec le but du gouvernement établi.

Quel est le but d'un système électoral ?

Opinion de M. le prince duc de Talleyrand , sur le projet de loi relatif à la circonscription des arrondissemens électoraux.

Une loi qui a pour principe un sentiment de défiance du gouvernement à l'égard de ceux qu'il est appelé à gouverner, est presque toujours une loi injuste : une loi injuste est presque toujours de courte durée.

J'appelle un loi injuste celle qui sacrifie à des intérêts particuliers l'intérêt général, celle qui fait prévaloir des considérations éphémères sur les considérationspermanentes d'ordre public.

Dans une loi de circonscription électorale, quel doit être le but du législateur ? Apparemment d'assurer, autant que possible, le triomphe de la majorité des électeurs. Vous irez contre le but de la loi, si, vous défiant des sentimens de la majorité , vous recherchez péniblement des combinaisons pour faire triompher la minorité. Il faut avoir le courage de le dire , tel paroît être le déplorable résultat qu'on s'est flatté d'obtenir dans quelques départemens, et particulièrement dans celui au sein duquel j'ai fixé ma résidence, dans le département de l'*Indre*.

L'Indre est divisé en quatre arrondissemens ou sous-préfectures : il nomme deux députés d'arrondissement. Il paroissoit naturel d'affecter deux arrondissemens à chaque collége, et c'étoit ainsi qu'on avoit procédé en 1820.

Les deux villes les plus populeuses, les plus industrieuses, les plus riches du département sont *Châteauroux* et *Issoudun* Il paroissoit naturel encore de choisir ces deux villes pour la réunion de chacun des deux colléges, et c'étoit aussi ce qu'on avoit proposé en 1820.

Malheureusement, en 1821, des considérations particulières ont prévalu ; toutes les anciennes démarcations territoriales ont été bouleversées, toutes les relations, toutes les habitudes ont été méconnues. Châteauroux et Issoudun sont réunis dans un même collége, et l'autre collége tiendra probablement ses assises dans la petite ville d'Argenton, qui ne pourra suffire à contenir tous les électeurs, qui n'aura d'autre local à leur offrir pour leurs opérations que l'église paroissiále, ainsi destinée à devenir le théâtre de toutes les cabales, de toutes les intrigues qui d'ordinaire accompagnent les élections. Du reste, Messieurs, je me trompe. Argenton contiendra tous les électeurs ; la raison en est simple, c'est que la plupart des électeurs n'y viendront pas, et ne pourront pas y venir.

Ils n'y viendront pas, parce que rien ne peut les

attirer dans une ville sans commerce, sans établissement public, sans tribunal, sans sous-préfecture : ils n'y viendront pas, parce que presque tous, pour y arriver, seront obligés de s'engager dans des routes de traverse, impraticables pendant neuf mois de l'année, et surtout à l'époque ordinaire des élections. Ils n'y viendront pas, et ainsi se trouvera réalisé le triomphe de la minorité dans le collége. Est-ce donc là le problème qu'on s'étoit chargé de résoudre ?

Et qui pourroit en douter, quand on voit que pour anéantir l'influence des deux villes les plus importantes, on réunit *Châteauroux* et *Issoudun* dans le même collége ? Combinaison petite, et qui demain peut-être trompera l'attente de ses auteurs. Ne diroit-on pas, en effet, Messieurs, que l'opinion dominante dans telle ou telle localité, y a toujours dominé, y dominera toujours. Cette opinion n'est - elle pas le produit de circonstances qui sont de nature à varier sans cesse ? Qu'un homme doué de quelques qualités brillantes apparoisse dans ce canton que l'on croit avoir asservi à telle ou telle combinaison personnelle, vous verrez que ce canton ne tardera pas à secouer le joug, et le petit royaume que l'on avoit arrangé pour telle personne, deviendra la proie d'un heureux usurpateur. Cette ville, au contraire, dont on redoute aujourd'hui l'influence, peut-être un jour regrettera-t-on de l'avoir anéantie. Que faut-il en effet pour opérer toutes ces grandes métamorphoses ? un homme de talent de plus ; et vous conviendrez qu'en France cette supposition n'est pas chimérique.

Je vous le demande, Messieurs, n'est-il pas affli-
geant de voir ainsi sacrifier les intérêts permanens de
notre pays à des calculs d'un jour? Sans doute le département de l'Indre n'est pas le seul que l'on ait ainsi
torturé au profit de craintes chimériques ou de quelques ambitions personnelles qui, pour se satisfaire, ne
craignent pas de blesser les intérêts d'une population
tranquille.

Messieurs, je remplis ici un devoir, car je crois que
chacun de nous a l'obligation de défendre le lieu de
son domicile politique. Cette protection que l'on appellera si l'on veut aristocratique, nous est presque or-
donnée. C'est à nous, et en cela je diffère entièrement
d'opinion avec notre honorable rapporteur ; c'est aux
pairs de France, plus encore qu'à Messieurs les députés, qu'il appartient d'émettre un vœu sur une loi de
circonscription électorale, parce que notre vœu, dégagé
de tout intérêt personnel, ne peut être inspiré que par
l'amour de l'ordre et de la justice.

Votre noble rapporteur vous a fait entendre que
votre commission avoit elle-même été frappée de plusieurs imperfections, mais qu'elle avoit craint d'en
demander le redressement, pour ne pas compromettre
par des amendemens le sort de la loi. Cette crainte,
je l'avoue, me touche peu. Il me semble que l'on pourroit demander pourquoi, au lieu de présenter une loi
unique, il n'a pas été présenté autant de lois qu'il y
a de départemens ; la discussion n'en auroit été ni plus
longue ni plus orageuse ; et les réclamations individuelles en auroient été plus faciles. Est-il juste que,

parce que telle forme a été adoptée, vous soyez condamnés à approuver sans restriction, une loi évidemment défectueuse dans ses parties, une loi de défiance,
et par conséquent injuste.

Je demande par amendement que la circonscription électorale du département de l'Indre soit fixée,
conformément au projet de 1820.

J'observe que les distances à vol d'oiseau sont à peu
près les mêmes dans l'un et l'autre projet ; mais dans
l'un on les augmente en donnant à parcourir des che-
mins absolument impraticables, dans l'autre, on les
diminue réellement en faisant profiter des routes ouvertes.

M. Talleyrand n'a pas obtenu l'amendement
qu'il demandoit pour le département de l'Indre ;
mais la Chambre des Pairs a amendé la circonscription électorale d'un autre département ;
c'est tout ce qu'elle a fait, dans cette session,
de contraire aux pensées généreuses de la
Chambre des Députés. L'amendement de la
Chambre des Pairs étant tombé sur un arrondissement qui passoit pour intéresser particulièrement M. de la Bourdonnaye, on a cru que
l'impartialité apparente du ministère ne s'éten-
doit ni à toutes les localités, ni à tous les
hommes. Il seroit honorable pour M. de la
Bourdonnaye d'avoir mérité une exception ; il
ne s'agiroit pour lui que de la justifier complé-

tement, de laisser, po[ur ce qu'] elle vaut, l'opinion des salons qui ne [sont en]core que des localités, et de se confier uniquement à l'opinion publique. Ce n'est ni le talent, ni la justice rendue au talent qui manquent pour contracter une alliance aussi honorable.

CHAPITRE XVI.

Loi des comptes. — Loi sur les grains.

CHAQUE année, le ministre des finances fait
le budget des dépenses et des recettes de l'Etat,
et le présente au Roi ; le Roi autorise les ministres à porter le budget aux Chambres ; les
Chambres l'approuvent ; les recettes et les dépenses se font ; mais, comme les recettes et les
dépenses sont nécessairement sujettes à des variations, il faut que ce qui a été décidé, par
aperçu, soit réglé définitivement ; tel est l'objet
de la loi des comptes. Quand les Chambres approuvent un budget, elles l'ouvrent ; quand
elles approuvent les comptes, elles le ferment ;
et l'ordre, à cet égard, est assez bien établi
pour que tout ce qui a rapport aux recettes et
aux dépenses d'une année, soit terminé à
jamais dans les trois années qui suivent.

Ce n'est certainement pas à la révolution que
la France doit ces progrès admirables vers un
bon système de comptabilité. Pendant la révolution, les assignats, les mandats, les spoliations,

13.

les pillages, les banqueroutes, ont fait des finances de l'Etat un épouvantable chaos.

Sous la monarchie absolue, les ministres des finances se sont souvent imposé des lois d'ordre ; aucun n'ignoroit à quelle condition on pouvoit établir un bon système de comptabilité ; mais les événemens entraînoient sans cesse un pouvoir d'autant plus foible, qu'il ne se croyoit responsable qu'à lui. Pour savoir combien de fois, en France, on a manqué de volonté pour réaliser de bonnes intentions, il suffiroit de rassembler les promesses faites dans le préambule des édits bursaux.

Buonaparte a établi les formes d'un budget annuel, comme il avoit conservé les formes d'un gouvernement représentatif, uniquement pour son usage. La Charte royale a ramené les choses au positif. Du jour où les députés ont recouvré la parole, et où ils ont cessé d'être soldés, si les discussions pour ouvrir et pour fermer le budget n'ont pas produit tout le bien qu'on devoit en attendre, ce n'est ni les lois, ni les ministres que la France peut en accuser.

Au moment où les libertés s'établissent, il est avantageux que le ministère ne soit pas économe, qu'il torture l'esprit général de la législation pour se faire de petites réserves

d'argent, qu'il montre de l'impatience lorsqu'on lui demande des éclaircissemens, et qu'il
parvienne à éluder de les donner par des considérations qui ne satisfont personne, quoiqu'elles obtiennent l'assentiment de la majorité. Depuis la proclamation de la Charte, si
nous eussions eu des ministres assez forts pour
être toujours francs, l'opinion publique ne regarderoit pas comme des conquêtes les améliorations qu'elle a obtenues. Quoiqu'elles soient
petites encore (on n'en obtiendra jamais de
grandes que par un autre système d'administration), il est incontestable que plusieurs abus
ont cessé depuis cinq ans, et qu'aucun abus
nouveau ne s'est introduit. Cela est prodigieux
en France, et aide singulièrement à faire entrer le gouvernement représentatif dans l'esprit
de ceux qui paient.

Il y a plusieurs années qu'on a ôté à la police
le produit des jeux et plusieurs recettes dont
elle ne rendoit pas compte : cette année, des
discussions renouvelées sur la publicité et la
concurrence dans les emprunts ouverts par le
gouvernement, ont amené un heureux résultat.
On a voulu de même obtenir, à la tribune, que le
ministère de la justice rendît compte du produit
des droits payés quand on est fait noble à volonté;

la minorité a échoué, selon l'usage; et cependant il est probable qu'avant peu on comptera de cette recette comme de toutes les autres recettes; l'esprit général de la législation l'exige; et il n'y a pas d'abus qui puisse tenir long-temps, dans un gouvernement où la publicité est admise, contre l'esprit général de la législation. Cela fait trembler tous ceux qui, intérieurement, ne peuvent s'empêcher de se considérer comme des abus.

M. Villèle a prêté son éloquence à la clandestinité des recettes faites par le sceau des titres.

« Si cet *impôt* étoit établi par une disposition
» législative, le Roi ne pourroit le remettre;
» et si le Roi ne pouvoit accorder la remise
» de l'*impôt*, il arriveroit qu'à côté de sa vo-
» lonté de créer un noble, il existeroit l'impos-
» sibilité de celui-ci d'acquitter le droit. »

Je ne crois pas qu'on ait jamais rassemblé plus d'expressions roturières, en parlant de noblesse. D'après M. Villèle, quand on est fait noble, on doit payer un *impôt*, et cependant, on peut être fait noble, quoiqu'on soit trop pauvre pour acquitter l'*impôt*; de sorte qu'il ne faut pas rendre compte des recettes effectuées sur la façon des riches qu'on fait nobles, parce qu'on ne pourroit y comprendre la façon des nobles qui n'ont pas d'argent. Quelle étrange considération à présenter aux Français du dix-neuvième siècle, que la pauvreté unie aux distinctions ; et cela pour leur faire approuver qu'il y ait des recettes dont les ministres ne rendent pas compte, et dont l'emploi, par conséquent, peut être présumé contraire à la morale comme aux intérêts du gouvernement établi.

.Le Roi ne met pas d'*impôt* sur les faveurs ou les récompenses qu'il accorde. On fait des anoblis par suite des idées qui jadis faisoient faire des affranchis. Il suffit de lire les formules pour se convaincre de la vérité de cette assertion. Selon les anciens usages de la monarchie, le Roi peut vouloir qu'un droit soit acquitté par celui qui se présente pour retirer la preuve de la faveur ou de la récompense qu'il a obtenue ; il peut aussi accorder la remise du droit. Mais, dès qu'il y a recette entre les mains d'un ministre, il y a emploi, et nécessité d'en rendre compte. Si cette recette étoit affectée à un établissement d'utilité publique, le ministre de la justice en rendroit compte à cet établissement, comme on compte à la ville de Paris du produit des jeux, depuis que la concession lui en a été faite. C'est donc parce que la recette du sceau des titres n'a pas d'emploi *avoué*, qu'on croit devoir se dispenser d'en rendre compte; cela n'est pas possible. Ou l'esprit général de notre législation est faux, et alors il faut revenir aux mystères financiers de l'ancien régime; ou l'esprit général de notre législation est juste, et alors il ne doit pas fléchir. Les exceptions, en affaires d'argent, sont si honteuses, qu'un homme d'honneur ne les défend jamais avec talent; aussi étoit-il aisé de s'apercevoir que cette discussion étoit peu agréable au ministre de la justice. Comme il seroit trop amusant pour notre siècle de savoir ce que produisent annuellement les nobles qu'on fait, peut-être seroit-il sage, dans l'intervalle d'une session à une autre, d'attribuer les recettes du sceau des titres à un établissement si utile, que les riches vanités qui paient parussent aussi nobles que les pauvretés qui n'ont que du mérite.

La minorité vouloit aussi obtenir que le ministère ne pût faire, au nom de l'Etat, des acquisitions d'une valeur élevée, sans une loi d'autorisation. Les mêmes doctrines avoient été professées par les minorités précédentes, même lorsque ces minorités étoient royalistes. Les Français étant incapables de refuser de satisfaire à des engagemens pris au nom du Roi, il paroît

juste que nul engagement un peu considérable
ne soit contracté sans l'aveu de ceux auxquels
il faut toujours s'adresser pour le remplir. Le
ministère n'avoit pas d'objections sérieuses à
présenter; cependant il a contesté: tant il est
dans l'habitude des ministères de faire opposition à l'opposition. Il sembleroit donc que cette
discussion n'a rien produit; ce seroit une manière fausse de la juger. Ou le ministère évitera
dorénavant des acquisitions onéreuses, afin de
ne pas être réduit à demander une autorisation;
ou il sollicitera une autorisation, si les acquisitions qu'il aura le désir de faire peuvent être
aisément justifiées.

Les conséquences de la publicité, en affaires
d'argent, sont les premières qui s'établissent.
Il y a tant de mauvaise grâce à vouloir y
échapper! Si on évite plus long-temps les conséquences de la publicité dans les affaires politiques, c'est qu'il est noble de défendre les libertés publiques, et noble aussi de défendre la
royauté.

Aussi long-temps que les partis seront assez
fous pour se ranger en bataille, lorsque le ministère les appellera les uns contre les autres,
le ministère demandera le sacrifice des libertés
à son profit; en mettant sans cesse en avant les

intérêts du pouvoir souverain ; quand les partis se lasseront d'être dupes, les conséquences du gouvernement représentatif se réaliseront en politique aussi facilement qu'en finances. On ne dira plus alors qu'il faut ne nous donner la Charte que peu à peu ; comme si le peu à peu entre un gouvernement proclamé et un gouvernement sous-entendu n'étoit pas la plus absurde ou la plus perfide des conceptions.

Les opérations du ministère pour parer à ce qu'on appelle encore aujourd'hui la disette de 1816, ont eu deux mauvais résultats : le premier, de coûter des sommes considérables ; le second, de produire, sur l'exportation et l'importation des grains, une loi qui se ressentoit des circonstances dans lesquelles elle avoit été conçue ; aussi les inconvéniens de l'abondance pour les propriétaires ont-ils succédé aux malheurs dont les consommateurs avoient été frappés par suite de la rareté et du haut prix des subsistances.

Dans le règlement des comptes, une discussion s'est élevée sur la part que devoit prendre le Trésor dans les dépenses faites pour tenir à Paris le pain à un prix modéré. Il y avoit eu, sur cet objet, une transaction faite entre le conseil municipal de cette ville et le ministère ;

et quoiqu'on puisse se plaindre quelquefois des faveurs accordées aux Français de Paris aux dépens des autres Français, tout avoit été débattu rigoureusement. Tant de considérations d'ailleurs s'élèvent pour maintenir la tranquillité d'une population qui remue le royaume entier quand elle s'agite, qu'on ne pouvoit blâmer le ministère des précautions qu'il avoit prises; et dès qu'on ne lui faisoit pas payer les fautes commises par ignorance, il n'étoit pas juste non plus que Paris en fût responsable. Les ministres l'ont emporté sur ce point où la raison étoit de leur côté, tout aussi bien que s'ils avoient eu tort.

A ne considérer que les comptes, à coup sûr ils sont réguliers. Si nous n'arrivons à aucune économie importante; si, avec un budget de neuf cents millions, nous sommes réduits à voir le monde à la merci des nations qui ont à peine des finances; si nous ne comptons pas en Europe pour toute notre valeur, ce n'est point parce que les chiffres sont mal placés dans le budget, et que les additions ne répondent pas aux sommes portées dans chaque colonne : le mal vient de plus haut. Notre système d'administration nous écrase; et la France ne connoîtra ce qu'elle peut, qu'au moment où elle consentira à faire faire pour rien ce qu'on fait si mal et à si haut prix, par suite des habitudes prises pendant l'usurpation.

Onze jours ont à peine suffi pour une discussion qui s'est terminée sans produire un seul amendement. Il est vrai qu'on a parlé de Naples, du Piémont, de la tyrannie, de la liberté, des Jésuites, de la gloire, des biens nationaux, de la légitimité des peuples, de la légitimité des Rois, de la souveraineté de la pensée. Je crois même qu'on a essayé de dire ce que c'est qu'un député : je n'ai pas retenu la définition.

La législation des grains, faite dans un moment où on ne connoissoit que la peur de la disette, devoit nécessairement être modifiée depuis qu'on se plaignoit des inconvéniens de l'abondance. Les mesures, jugées par le ministère favorables à l'agriculture et présentées par lui à la Chambre, n'ont point paru suffisantes aux députés; et la commission, à laquelle le projet de loi avoit été renvoyé, y fit de nombreux amendemens. Avant la discussion, M. le ministre de l'intérieur crut devoir protester contre les envahissemens de la commission, et déclarer, au nom du Roi, quels étoient les changemens dont il admettoit la discussion, se réservant de prendre, à l'égard des autres, une détermination ultérieure. Cette protestation étrange, opposée à l'esprit du gouvernement représentatif, n'a point empêché de discuter et d'accepter les amendemens de la commission ; le projet amendé a passé à la Chambre des Pairs ; il a reçu la sanction du gouvernement ; et dès lors on peut demander ce qu'avoit voulu, ce qu'avoit espéré M. le ministre de l'intérieur. On feroit la même question à M. Villèle ; il a parlé un jour dans le sens du projet de la commission, le lendemain dans le sens du projet ministériel. L'opposition a fait son métier en relevant cette inconséquence, et en saisissant l'occasion de faire remarquer à la France que l'union des anciens et des nouveaux ministres ne les empêchoit pas de laisser éclater des opinions opposées, même à la tribune.

Dans cette discussion, les députés apportoient des connoissances locales, et la sensation des souffrances des départemens méridionaux ; on peut croire que le ministère s'étoit décidé par des considérations générales. Comme la bonté des règlemens sur le commerce des grains dépend beaucoup des circonstances, et que les circonstances influent sur la manière de considérer les règlemens, il est probable qu'un jour la loi nouvelle subira à son tour des changemens. Quoique les ministres n'aiment du gouvernement représentatif que la partie qu'ils nous concèdent, ils doivent sentir qu'il est commode pour eux de compromettre les Chambres, lorsqu'il s'agit des subsistances. Sous la monarchie absolue, un ministère ne se seroit pas tiré aussi aisément des embarras et des fautes de 1816 et 1817.

Si les Egyptiens faisoient des livres sur l'économie politique, il est malheureux que ces ouvrages ne soient pas parvenus jusqu'à nous. Nous saurions comment l'Egypte a bravé une disette de sept années avec tant de prévoyance, qu'elle trouvoit encore le moyen de fournir des grains aux étrangers. C'étoit un grand ministre que Joseph ! Il expliquoit les rêves de Pharaon pour en tirer des réalités applicables au bonheur du peuple, tandis que nos ministres n'expliquent la Charte que nous a donnée le Roi, que pour essayer d'en faire un songe.

CHAPITRE XVII.

Règlement de la Chambre remis en discussion.

BUONAPARTE avoit trouvé un moyen fort simple d'empêcher le Corps législatif de parler; il le créa muet. On sait que ce muet prit pourtant la parole quand il vit son père en danger, pour nous rappeler sans doute un trait de piété filiale que les anciens ont fait passer jusqu'à nous. Cela ne réussit pas au Corps législatif; Buonaparte se fâcha de ce qu'on vouloit l'empêcher de périr. Bien des gouvernemens lui en avoient donné l'exemple. A quoi serviroit en effet d'avoir un pouvoir absolu, si on ne pouvoit pas se détruire à volonté?

La Charte ayant créé une Chambre de Députés qui parlent, on devoit s'attendre que les ministres et leurs amis emploieroient ce que le Ciel leur a départi de génie à chercher les moyens de faire que les députés ne parlassent pas, ou du moins que cela revînt au même.

Le ministère pensa d'abord à se faire une majorité dévouée; et certes, s'il eût réussi, la

France auroit volontiers fait grâce de la parole aux députés. Les assemblées soumises à Cromwell et à Roberspierre suffisent à l'histoire du monde ; on ne veut plus de bassesse et d'adulation de ce genre. Il sembleroit qu'il importe peu aux députés du ministère que les députés de la France parlent ou ne parlent pas ; nés pour voter et non pour discuter, les ministériels paroissent désintéressés dans la question de la liberté de la tribune ; mais la haine de l'impuissance contre le talent, de la nullité contre le courage, est si naturelle que, dans tous les siècles, c'est par les hommes vains et médiocres qu'on est parvenu à enchaîner les hommes de cœur et de talent.

A chaque ouverture de session, M. Maine de Biran déclare à la Chambre qu'elle doit changer son règlement, si elle veut parvenir à montrer autant de calme dans ses discussions, qu'il y a d'indifférence pour le bien public dans l'âme de ceux qui sont payés pour cela. On discute un peu sur ce sujet ; une fois même les idées se sont élevées jusqu'à proposer d'accorder au président le droit d'envoyer les députés en prison. C'étoit vers l'époque où on mettoit les royalistes en jugement ; il y avoit concordance. Jusqu'ici la Chambre avoit toujours passé à l'ordre du jour, n'étant pas encore convaincue sans doute qu'elle devoit sacrifier ses libertés, parce qu'elle ne savoit pas défendre les nôtres.

Cette année, M. Maine a encore fait sa petite proposition ; et les ministériels, qui avoient le mot d'ordre, vouloient la renvoyer à une commission sans qu'elle eût été développée ; rien n'étoit plus commode pour faire sortir de cette proposition vague tout ce qu'on auroit voulu. Au commencement de la session, le ministère se croyoit si sûr d'une majorité, que les observateurs attentifs ont pu remarquer la velléité de rendre les commissions maîtresses de l'assemblée, ainsi qu'il en étoit dans le bon temps de la Convention ; bien entendu que, cette fois, les commissions se seroient laissées diriger par le ministère. Il pourroit être en effet moins onéreux de s'entendre avec quelques comités habilement élus, qu'avec quatre cents députés. Il y avoit de quoi faire trembler les libéraux ; mais les combinaisons machiavéliques de nos jours ont cela de plaisant, qu'elles tournent toujours contre ceux qui les font ; et si le ministère a été sérieusement tourmenté dans cette session, c'est par l'ascendant des commissions trop

14

évidemment nommées dans l'intérêt d'un seul parti.

Selon l'usage consacré, la Chambre vouloit passer à l'ordre du jour sur la proposition de M. Maine ; mais M. Bonnet, qui est très-poli, sollicita un ajournement, comme une manière sans conséquence de ne pas blesser l'amour-propre de son honorable collègue. La Chambre y consentit ; elle eut tort. M. de Girardin a remarqué avec raison que la politesse pour les individus est souvent déplacée dans les questions qui intéressent l'honneur des corps. En effet, M. Sirieys de Mayrinhac ayant fait une autre proposition relative au perfectionnement du règlement, et cette proposition ayant été renvoyée à une commission, on profita de la circonstance pour ramasser la proposition de M. Maine, et pour l'envoyer à la même commission. Quel triomphe pour M. Maine ! Jamais il n'avoit été si loin. Il est vrai que sa proposition n'en sortit pas, qu'elle n'en sortira jamais ; en voici le motif. La majorité vit peu de bonne foi dans un ajournement obtenu par politesse et relevé si promptement ; la majorité trouva inconvénant que les ministres intervinssent dans une discussion sur la police de la Chambre. Les ministres disent qu'ils en avoient le droit comme députés : cela est incontestable ; mais ils auroient montré plus d'habileté en ne réclamant pas ce droit, en n'en faisant pas usage. Des hommes du pouvoir qui, depuis six ans, ont toujours contesté les articles les plus clairs de la Charte, qui ont sans cesse essayé de renfermer les délibérations publiques dans un cercle si étroit qu'elles y fussent étouffées, peuvent se dire députés parce qu'en effet ils ont été élus députés ; mais on sent bien qu'ils ne le sont pas. Cette sensation seroit une injure en Angleterre où les ministres sortent des Chambres et y reviennent ; c'est une vérité en France où les ministres ne sont le vœu d'aucun côté de la Chambre ; et où on n'en a pas encore vu un seul, parmi les congédiés, qui soit venu se placer franchement au sein de l'opposition. La majorité, pour renvoyer les désirs réunis de MM. Maine et Sirieys à une commission, fut si foible qu'on put prévoir de suite que la commission seroit très-modérée dans son rapport. L'affaire étoit évidemment manquée avant d'être mise en discussion.

En effet, la commission ne rapporta que selon les désirs de M. Sirieys, et ajourna d'elle-même les désirs de M. Maine. C'étoit une nouveauté de voir ainsi *scinder* une question par

14.

la volonté de ceux qui l'avoient reçue en masse, avec mission d'en présenter le rapport un et indivisible ; et ce seul essai suffiroit pour justifier ce que j'ai dit sur le honteux projet d'établir la suprématie et la permanence des comités. Cette manière inusitée de procéder produisit quelques débats assez vifs, mais inutiles, par une raison fort simple. Si la majorité avoit tendu gracieusement les mains aux chaînes qu'on lui présentoit, on n'auroit certainement pas négligé de lui en apporter de plus lourdes ; la proposition de M. Maine étoit en dépôt ; on l'auroit fait valoir. Si, au contraire, la majorité discutoit sérieusement quelques modifications sans importance réelle, on se le tiendroit pour dit, et le renvoi de la proposition de M. Maine à la commission, ne passeroit que pour une seconde politesse. C'est ce qui est arrivé. Quand on est député, qu'on n'est ni lâche, ni sot, ni aveuglé par l'esprit de parti ou de système, il faut toujours avoir dans la pensée cette vérité historique que la tâche la plus difficile pour les assemblées chargées de défendre les libertés publiques, consiste à sauver leurs propres libertés.

Y avoit-il nécessité de changer le règlement ?

Pour répondre à cette question, il suffira de remarquer que le règlement permet de rappeler un orateur à l'ordre *avec censure*, de consigner cette censure dans le procès-verbal de la Chambre, procès-verbal qu'on imprime chaque année; et qu'on n'a pas fait une seule fois usage de cette mesure depuis six ans. Telles sont nos mœurs; elles appellent la sévérité d'une manière générale, et la repoussent dans toute application particulière. Pour qu'il fût possible, dans une Chambre de Députés, de faire justice entière sans révolter l'opinion publique, il faudroit cent certitudes que l'esprit de parti n'a été pour rien dans la condamnation. En sommes-nous là? Les ministres, qui ont tout fait pour réveiller les partis, pour les mettre en présence, ont-ils bonne grâce à intervenir dans les délibérations ouvertes par la Chambre, pour chercher les moyens d'assurer sa dignité? N'écoutez pas les Français quand ils raisonnent; mais cherchez pourquoi, même lorsqu'ils raisonnent mal, ils sentent toujours juste, et vous serez forcés de convenir que les Français d'aujourd'hui n'ont pas été si modifiés par la révolution, qu'on ne les retrouve avec leurs défauts et leurs qualités d'autrefois. Jamais une assemblée, en présence du public, ne s'abaissera jus-

qu'à se mettre légalement à la merci du ministère ; un seul cri d'honneur suffiroit pour la
relever. « Messieurs, a dit M. de Castelbajac,
» le jour où vous auriez perdu votre force mo-
» rale sur l'opinion, vous ne seriez plus rien
» dans votre pays, rien d'honorable, rien de
» considéré; vous ne pourriez plus rien dans l'in-
» térêt de la royauté, dans l'intérêt des libertés
» publiques; et vous seriez quelque chose de
» moins, dans l'opinion, que les muets de Buo-
» naparté; car ceux-là du moins n'avoient pas
» choisi leur position. »

Cette année, disoit-on, le scandale a été plus
loin que dans les sessions précédentes. Je le
crois. Cependant on avoit proposé, dans une
des sessions précédentes, d'envoyer les députés
en prison par forme de règlement. Que vouloit-
on faire de plus? Vouloit-on les traduire aussi à
un tribunal de police correctionnelle, ou ériger,
dans la Chambre, un comité de salut public,
dont les membres auroient été choisis parmi les
amis du ministère? D'ailleurs, lorsque M. Maine
a fait sa petite proposition habituelle, aucun
scandale n'avoit encore éclaté. On prévoyoit
donc qu'il y en auroit?

Comme le centre a montré, cette année, une
pétulance d'interruptions, une vivacité de cris

à l'ordre, une impatience de clôtures, une prodigalité de sarcasmes qu'on ne lui avoit jamais vues à un degré aussi prononcé, il seroit permis de mettre, en grande partie, le scandale sur le compte de ceux qui avoient montré tant d'aptitude à le prévoir, si la situation fondamentale des choses ne suffisoit pour tout expliquer. Je l'ai déjà dit, par suite des reviremens dans le système ministériel, des générations séparées par des siècles, étonnées de se trouver réunies, s'offensoient de leurs prétentions réciproques, et s'aigrissoient par l'impossibilité de se comprendre. De plus, les calculs qui avoient porté M. Villèle au ministère, ayant changé la publicité du gouvernement représentatif en un tripotage de négociations secrètes, on conçoit aisément que les discours prononcés à la tribune devoient blesser d'autant plus vivement, qu'ils ne répondoient pas aux pensées secrètes, et qu'ils déconcertoient souvent les espérances les plus follement conçues. *Ne nous faites pas réfléchir*, sembloit la devise de la plupart des députés.

M. de Vaublanc a traité cette cause particulière des désordres de la Chambre de manière à faire la plus vive impression ; il improvisoit ; et ce qu'il y a d'honnête au fond de toutes les

âmes, répondoit à l'âme d'un orateur qui trouvoit avec tant de facilité les expressions les plus
convenables dans un pareil sujet.

« En rejetant le dernier article de la commission, je
ne veux pas que, sur mon opinion, l'on puisse prendre
le change. J'adopte les deux premiers articles, parce
que je suis ami de l'ordre et ennemi du désordre ; mais
je déclare que je ne suis pas moins partisan de la libre
et hardie manifestation des pensées. La pensée est moins
dangereuse, lorsquelle se dévoile par les paroles, que
par les intrigues. »

« Les intrigues ! A ce seul mot, mon cœur se sou-
lève, le dégoût s'empare de moi ; depuis six ans, les
intrigues font le malheur de la France. Les intrigues !
Rappelez-vous ce dont vous avez été témoins au moment où la session s'est ouverte, avant même qu'elle
ne fût commencée. Rappelez-vous ces mots magiques
qui ont bourdonné autour de vos oreilles, et qui par-
fois, à l'aide des coteries, y ont pénétré. Mais ces intrigues ont été déjouées. Un noble courage encore
empreint de l'instinct du bon sens de la province, les
a fait évanouir comme ces bulles de savon lancées
dans les airs. »

« Suivant moi, les intrigues sont mille fois plus dangereuses que les factions, car les factions agissent ou-
vertement ; si je n'ai pas la force de les combattre, au
moins je puis me tenir sur mes gardes. Les factions
donnent du courage à ceux qui ont le malheur d'y
entrer comme à ceux qui ont la noble ambition de

les attaquer, et je ne crois pas que l'homme ait été créé pour autre chose que pour le courage. »

« Les intrigues ne peuvent être combattues de front, parce qu'elles se cachent dans l'ombre ; elles sont partout, et ne sont nulle part ; elles avilissent les plus nobles caractères. On a dit, au commencement de la révolution, un mot célèbre qui est devenu une prophétie : Nous périrons d'un coup de bonne intention. » Et moi je dis : Nous périrons par les intrigues, parce que les intrigues empêchent de former un parti vigoureux, seul capable d'attaquer et d'écraser les factions. Le danger, suivant moi, n'est pas dans la manifestation des pensées dangereuses, mais dans la captivité des bonnes pensées. Cette captivité les empêche de se produire au grand jour, et de combattre l'effet des mauvaises doctrines. Vous voulez empêcher un parti de dire tout ce qu'il pense, et moi je voudrois qu'on eût la force de dire tout ce que nous en pensons. »

Nul doute que la cause des troubles de cette session ne soit due à la préférence donnée aux négociations secrètes sur la publicité des débats, à l'alliance des partis par les hommes mise à la place du rapprochement des opinions par la conformité des doctrines; dès lors, tout a été, tout devoit être intrigues; et si le parti qui s'est fait Villèle et Corbières croit qu'on peut intriguer dans des intentions loyales, il mérite les mécomptes qu'il a éprouvés. Il est triste,

pour des honnêtes gens, d'être dupes et de ne
pas être plaints; mais quand on a de la probité, il faut chercher ses forces dans les ressources que présente l'ordre établi; toute autre
manière n'appartient qu'à ceux qui n'ont jamais
eu d'honneur que ce que les circonstances en
permettoient. Cela pouvoit-il convenir à des
royalistes?

Puisque, dans les sessions précédentes, on
avoit déjà offert la prison aux députés comme
l'unique moyen de les rendre discrets à la
tribune, on peut croire qu'une cause générale de désordres avoit précédé les causes de
tumulte particulières à cette session. M. Bertin-
Deveaux s'est expliqué à cet égard avec une
franchise qui a fait reculer le ministère; et je
remarquerai de nouveau, pour l'instruction des
orateurs qui peuvent être utiles à la France, que
la force des argumens présentés par M. Bertin-
Deveaux tient à ce qu'ils sont vrais et nullement passionnés.

« N'allez pas croire, Messieurs, que je me fasse de
grandes illusions, et que je me flatte de voir à jamais
les désordres et les scandales bannis de cette enceinte
par le retour au règlement. Les causes du mal ne
sont pas seulement dans vous, elles sont dans la société tout entière; elles sont dans l'absence complète

de toutes les institutions nécessaires à l'ordre. Un pays sans institutions fixes, où tout est *provisoire*, est une proie dont les factions cherchent à s'emparer ; faut-il s'étonner si elles proportionnent leurs efforts à l'importance de la conquête ? »

« Le *provisoire* est *au définitif* ce que l'usurpation est à la légitimité. Depuis plus de six ans nous sommes délivrés du fléau de l'usurpation, le fléau du provisoire semble croître chaque jour, et menace de tout envahir. »

« Il règne dans les finances. Le Trésor royal ne s'alimente que de douzièmes provisoires. Nous n'avons point encore un système de comptabilité ; tous les ans on vous promet une loi de finances, et tous les ans on ajourne ces promesses et vos espérances. »

« Il règne dans l'ordre administratif. N'entendez-vous point, en tous lieux, à toute heure, parler de la nécessité de constituer le pouvoir municipal, le pouvoir départemental ? Donc tout ce qui est n'est pas constitué, et ne vit que d'une vie provisoire. »

« Il règne dans l'ordre religieux. Aurons-nous un concordat, n'en aurons-nous pas ? Que signifient tous ces évêques sans siéges, et tous ces siéges sans évêques ? Combien durera le régime *intérimaire*, par lequel on a éludé la solution des difficultés ? N'est-ce pas là encore du provisoire ? »

« Il règne dans le système militaire. Y aura-t-il, n'y aura-t-il pas une garde nationale ? Quelle sera-t-elle ? Tout le monde l'ignore. Ce que tout le monde sait, c'est que ce qui est ne peut pas durer. Quant à l'armée active, voilà, je crois, la quatrième fois qu'on la désorganise pour l'organiser ; et cette nouvelle organisation est à peine achevée, que déjà retentissent de toutes parts les cris du mécontentement, et même de la fureur ; ce qui est d'un augure peu favorable pour la durée du nouveau système. »

« Il règne dans notre politique extérieure. Quelle devroit être notre place en Europe ? Je ne suis pas embarrassé de la réponse, ni vous non plus ; mais, dans la réalité, quelle place occupons-nous ? Répondra qui pourra ; quant à moi je n'en sais rien, et, comme Français, je m'afflige de ne pouvoir répondre. »

« Il règne dans l'ordre judiciaire. N'est-ce pas une chose généralement répandue que notre Code civil n'est pas en harmonie avec nos lois politiques ; que le Code criminel est un vaste arsenal élevé par un despote au profit de la tyrannie. L'institution du jury restera-t-elle ce qu'elle est ? Cette seule question ne suffit-elle pas pour soulever des tempêtes ? Le mot de réforme ne sort-il pas de toutes les bouches ? C'est donc encore là du provisoire. »

» Enfin, Messieurs, la Charte, la Charte elle-même, la loi fondamentale, la loi éternelle, n'a pu se préserver entièrement des invasions du provisoire. En vain la Charte a consacré la liberté individuelle et la liberté de la presse : le provisoire, déguisé en lois d'exception, s'est arrogé le droit de disposer arbitrairement de nos personnes, et de régner en souverain dans le domaine même de la pensée. Maintenant je m'adresse à toutes les consciences. Un tel ensemble de choses est-il tolérable? Un gouvernement qui ne s'appuie que sur des états aussi fragiles, et pour ainsi dire éphémères, ne paroît-il pas à chaque instant menacé d'une ruine totale, d'une effroyable catastrophe? Et faut-il s'étonner, lorsque rien n'est fondé, si tout le monde fait effort pour fonder à son profit? Ah! c'est ici, Messieurs, que nous devons reconnoître et bénir cette force miraculeuse de la légitimité. Et quelle autre puissance que la puissance légitime auroit pu résister pendant six ans à un système aussi vicieux, à des désordres aussi cruellement prolongés! C'est que la légitimité peut seule opposer avec succès à tous les maux le contrepoids de l'espérance. Principe d'ordre et de durée, elle seule, dans son immortalité, est assez riche d'avenir, pour promettre et pour donner toutes les réparations.. Quand on l'associe à du provisoire, on fait violence à sa nature. Elle ne doit s'appuyer que sur des institutions durables comme elle-même ; et le plus bel hommage que nous puissions lui rendre, la plus grande preuve de dévouement et de fidélité que nous puissions lui donner, est de la dégager de l'alliage impur des lois provisoires et temporaires. »

« Vous ne serez pas surpris, Messieurs, qu'ennemi implacable du provisoire, je prenne en main la défense de ce qui est. Notre règlement a suffi pendant cinq années orageuses à nos devanciers. Sommes-nous donc plus indociles à la raison ; et n'est-ce pas nous calomnier nous-mêmes que de reconnoître comme insuffisant pour maintenir l'ordre parmi nous, ce qui l'avoit maintenu jusqu'alors? Je vote pour le maintien pur et simple du règlement, et par conséquent pour le rejet des articles de la commission. »

Deux fois, M. de Serre a essayé d'obtenir de la Chambre qu'elle lui défendît de répondre à ce discours; n'ayant point réussi, il a supposé la défense, et n'a pas répondu. Sa position étoit embarrassante, parce qu'il y a, dans les opinions qui remontent jusqu'aux causes générales, un ascendant auquel tout esprit élevé ne peut échapper ; et M. de Serre a de la noblesse dans l'âme et de l'élévation dans l'esprit. Il étoit impossible au ministère de nier le provisoire dont le tableau venoit de lui être présenté avec tant d'énergie ; le ministère n'a-t-il pas constamment posé en principes et en faits que le Roi avoit bien pu nous donner la Charte d'une seule fois, mais que les ministres ne nous en devoient l'exécution que peu à peu ? Et, comme le peu à peu ne peut être considéré que comme l'espérance du tout, il est incontestable que, de l'aveu même des ministres, nous sommes dans le provisoire.

M. Pasquier, qui n'est jamais embarrassé de trouver des paroles, et qui croit que parler c'est répondre, a cru qu'il étoit de l'honneur du ministère de ne pas laisser passer sans ré-

(223)

plique le discours de M. Bertin-Deveaux ; et,
pour en trouver une, il a supposé qu'un orateur qui venoit d'obtenir l'assentiment de tous
les hommes éclairés de la Chambre, avoit dit
ce qu'un sot ne diroit pas, même quand il auroit
mission, privilége et traitement. « Je ne par-
» tage pas, a-t-il dit, l'opinion de l'honorable
» membre auquel je m'efforcerai de répondre
» en peu de mots. Je ne crois pas que le moyen
» de sortir du provisoire soit d'improviser
» chaque jour des lois nouvelles, et de se livrer
» à des innovations continuelles. » La belle
réponse à faire à un député, ennemi des innovations, qui demandoit qu'on s'en tînt au règlement positivement parce qu'il duroit depuis
cinq années, et qui, loin d'exiger que les ministres improvisassent de nouvelles lois, leur
reprochoit de détruire la Charte pour n'improviser que l'arbitraire !

Cette discussion n'a rien produit que la présentation d'une vingtaine d'amendemens qui
ont été rejetés ; et le tumulte a augmenté dans
la Chambre malgré les insignifiantes modifications faites au règlement, d'après le projet
de la commission ; mais les débats ont vivement
occupé les esprits au dehors par le talent que
les orateurs ont développé. Les Français ont

toujours été et seront toujours séduits par le talent ; et si M. Benjamin-Constant a su les éloges généralement accordés aux deux discours qu'il a prononcés dans cette question, il a dû regretter l'opinion hasardée qu'il avoit émise quelques jours avant au sujet de la législation des grains. Il a été supérieur en défendant les libertés de la minorité qui, à tort ou à raison, doit toujours se croire menacée quand on met en discussion les libertés de la Chambre, puisque, telle faute que fît la majorité, par cela seul qu'elle est majorité, elle trouveroit les moyens de s'en sauver. Faire partie de la minorité éloit donc pour M. Benjamin-Constant un avantage de position ; il en a tiré tout le parti possible. Combien justice est plus douce encore à rendre aux membres de la majorité qui se sont élevés au-dessus des combinaisons de leurs collègues, pour ne s'attacher qu'à ce qui est bon et utile dans tous les temps. Cette manière d'agir n'appartient qu'aux hommes qui se sentent assez de force en eux-mêmes pour ne vouloir attaquer et se défendre qu'à armes égales. Ainsi s'est toujours présenté M. de Castelbajac ; il a plusieurs fois parlé, dans cette discussion, en faveur de la liberté de la tribune, avec cette sincérité que la France entière estime en lui ; je n'en excepte pas l'opposition. Un membre du centre gauche, connu par son esprit, disoit que la plupart des royalistes frappés par l'ordonnance du 5 septembre, et rappelés par la dernière loi d'élection, étoient revenus invalides, mais qu'il n'en étoit pas ainsi de M. de Castelbajac.

Comme on a beaucoup parlé du rappel à la question, je placerai ici une anecdote conservée dans les Mémoires de sir William Wrakall ; la vérité n'en a point été contestée par les contemporains ; elle servira de point de comparaison entre la patience des Anglais et la nôtre.

On étoit au mois de juin, et cinq heures du soir sonnoient, lorsque que M. Hartley, membre de la Chambre des Communes, se leva pour parler. Le comte de Liverpool (alors M. Jenkenson), qui savoit que l'orateur étoit un peu verbeux, profita de l'occasion pour prendre l'air. Il alla à sa maison, fit seller des chevaux, et se rendit à une campagne qu'il avoit à quelques milles de Londres. Il y dîna, s'y promena, et revint au petit pas. Rentré chez lui, à neuf heures du soir, il envoya un domestique à la concierge de la Chambre pour apprendre quels orateurs avoient parlé en son absence, et connoître ainsi par probabilité si la séance se prolongeroit. Le domestique lui rapporta que M. Hartley parloit encore, mais qu'on pensoit qu'il finiroit bientôt. Le comte de Liverpool se rendit à la Chambre, et il y trouva M. Hartley à la même place, dans la même attitude, et continuant le même discours qu'il avoit commencé cinq heures avant.

Est-il possible de croire qu'il ne se fût pas écarté de la question ?

Ce même M. Hartley parloit un jour depuis long-temps. La plupart des membres de la Chambre s'étoient retirés ; ceux qui étoient restés, dormoient. Au moment où on croyoit qu'il alloit finir, il demanda à un secrétaire de prendre la loi contre les attroupemens et d'en faire la lecture, parce qu'il vouloit en tirer des argumens à l'appui du sujet qu'il traitoit : « Eh ! mon cher ami, lui cria M. Burke ; la » loi contre les attroupemens! Qu'en voulez- » vous faire ? Ne voyez-vous pas que la réu- » nion est déjà dispersée ? »

Quand on ne sait pas s'ennuyer, il ne faut pas vouloir être député.

CHAPITRE XVIII.

Loi pour améliorer le sort du Clergé.

Ne faites pas de la religion, qui est la base de l'ordre social, un instrument politique, afin que les esprits soupçonneux ne soient pas portés à croire qu'on veut en faire un moyen de parti ; et vous ne trouverez personne en France qui ne soit aujourd'hui disposé à rendre aux établissemens ecclésiastiques tout l'éclat et toute la stabilité qui peuvent s'accorder avec l'état de nos finances.

Avant la révolution, la philosophie française étoit irréligieuse ; la philosophie de nos jours est éminemment raisonnable : éclairée par les événemens, elle juge avec faveur les grandes institutions sociales que le dix-huitième siècle avoit condamnées avec une partialité qui tenoit du délire. Qu'on ne s'y trompe pas : quand les esprits sont affranchis par le mouvement des siècles, et que la vieille politique les éloigne de toute participation aux affaires générales, ils se tournent contre tout ce qui existe, parce que tout ce qui existe les blesse ; aussitôt que

la forme du gouvernement les appelle à la discussion de ce qui est utile à l'État, ils considèrent les institutions sous un autre aspect. Les
seuls hommes qui maintenant nuiroient au clergé
sont ceux qui s'informent s'il y a assez de religion dans le peuple pour qu'on puisse lui offrir
le pouvoir absolu. Que ces hommes se per-
suadent bien que lors même que la volonté des
esprits seroit contraire aux libertés publiques,
le mouvement des mœurs y ramèneroit. Qu'ils
fassent des vœux pour que le clergé lui-même,
malgré sa pauvreté, ne se laisse pas entraîner
par les goûts du siècle, pour qu'il ne préfère
pas l'éclat à ce qui est utile, ce qui fait un bruit
passager à ce qui produit un bien durable (1);
cela vaudra mieux que de risquer de compromettre la religion dans nos querelles politiques.
Elle ne pourroit qu'y perdre, positivement
parce que les esprits n'ont plus, pour toutes les
doctrines et pour tous les cultes, cette indifférence qui, pendant la révolution, nous a sauvés
de folies plus grandes encore que celles que
nous avons faites.

---

(1) On assure que le séminaire qu'on bâtit à Paris coû-
tera trois millions; c'est beaucoup lorsque tant d'églises
tombent en ruine.

(229)

Lorsque Buonaparte rétablit en France l'exercice public du culte catholique , les beaux esprits de sa cour, les politiques de ses conseils applaudirent, en affirmant qu'il falloit en effet une religion pour le peuple. Ce qu'il y a de singulier, et ce qu'on n'a pas assez remarqué, c'est que, le peuple excepté , tout le monde fut soumis à rendre des respects publics à la religion. Buonaparte alloit à la messe, sa cour l'y suivoit; les préfets alloient à la messe, les conseillers de préfecture , les secrétaires-généraux les accompagnoient; les régimens alloient à la messe; les tribunaux y assistoient dans les cérémonies; mais quiconque ne faisoit partie ni du gouvernement , ni des autorités, restoit libre d'agir selon sa volonté. On peut affirmer que la religion de l'Etat n'étoit alors que la religion des fonctionnaires publics. Les évêques , les curés, tous les prêtres payés par le gouvernement., n'étoient eux - mêmes considérés que comme des fonctionnaires ; c'est même sous ce titre que M. le ministre de l'intérieur les avoit désignés dans le projet présenté aux Chambres ; et l'habitude en étoit si générale, que ce n'est qu'à la fin de la discussion, et sur l'observation d'un seul membre , qu'on a retranché cette dénomination de fonctionnaires, appliquée à des prêtres. Ne sont-ils pas suffisamment désignés par le titre attaché au rang qu'ils occupent dans l'ordre ecclésiastique?

Depuis la chute de Buonaparte, on n'a cessé de crier que le peuple n'avoit pas de religion. Le peuple pourroit répondre que c'est positivement parce qu'on avoit fait une religion pour lui qu'il l'a laissée à ceux qui la décrétèrent, ne voulant pas que ce qui n'est profitable à l'ordre social qu'autant que toutes les positions s'y soumettent, servît à le soumettre aux passions de ceux qui ne voyoient qu'un moyen politique dans la religion. Cette réponse se reproduiroit encore par les faits, si l'occasion s'en représentoit sous d'autres circonstances.

Ni les lois, ni les établissemens ecclésiastiques publiquement discutés ne sont capables de produire sur les esprits une impression aussi forte que la piété de nos Princes, que leur ardeur à courir au-devant de toutes les infortunes. Les esprits profondément religieux, mais qui connoissent l'état de la société, demandent surtout qu'on ne gâte point, par des calculs humains, un bien qui se fait sans secousses, comme tous les changemens nécessaires au maintien de l'ordre social. Deux choses sont toujours à considérer toutes les fois que le gouvernement intervient dans les établissemens religieux, les finances de l'Etat et les mœurs générales.

Par mœurs, je n'entends pas les actions soumises à la morale. Quoi que M. de Bonald ait pu dire, sous ce rapport même, nos mœurs valent mieux qu'avant la révolution ; et des trente années qui viennent de s'écouler, on ne verra pas sortir des Mémoires qu'on puisse comparer à ceux de J. J. Rousseau, de Mme d'Epinay, du maréchal de Richelieu. On n'oseroit pas aujourd'hui demander des autels par l'abandon des premiers sentimens de la nature, ni de l'admiration pour les aveux du libertinage le plus éhonté. Je considère ici les mœurs dans un sens politique, c'est-à-dire comme la manière d'être d'une nation.

Dès qu'il est hors de doute que trois mille cinq cents communes manquent de pasteurs, et qu'un très-grand nombre de communes ont des pasteurs si vieux que l'instruction religieuse en souffre, il est impossible de nier l'utilité des missions. Dès qu'elles sont utiles, il est incontestable qu'elles produisent du bien. Si ce bien étoit tel que les têtes ardentes le représentent, il arrêteroit le mouvement sur lequel marche la société ; mais il n'y a que trop de motifs de se rassurer à cet égard. Je ne citerai point Paris, où on a vu ouvrir trois ou quatre théâtres nouveaux depuis les missions; Paris fait exception. Mais dans les villes de provinces où les missionnaires ont été le plus généralement accueillis, tout le monde a pu, comme moi, acquérir la certitude qu'aucune consommation n'a diminué; et, comme j'ai particulièrement en vue les consommations de luxe, parce qu'elles sont aujourd'hui la force de notre système financier, j'en conclus que les mœurs générales admettent sans effort l'utilité de l'enseignement religieux, mais qu'elles ne pourroient être dominées par des principes religieux dont l'austérité dérangeroit le mouvement de l'ordre social, tel que le développement de l'industrie l'a donné. Je ne dis pas que ce soit un avantage; je me borne à consigner un fait.

Quant aux doctrines plus ou moins favorables aux libertés de l'Eglise gallicane, à ces libertés, l'honneur de nos aïeux, ne fût-ce que sous des rapports de haute politique, toutes les fois qu'on ne forcera pas les hommes sages à s'expliquer sur ce sujet, ils se tairont, convaincus qu'il est inutile de mettre le public indifférent dans la confidence des divisions qui règnent malheureusement encore entre les ecclésiastiques, et bien persuadés que le jour où il seroit nécessaire

de faire reculer de folles prétentions, il suffiroit
de les faire sortir de l'obscurité dont elles s'en-
veloppent. Cette obscurité est telle que, dans
les discussions relatives à l'amélioration du sort
du clergé, on a entendu un orateur prouver
que le ministère avoit voulu rendre à jamais
impossible l'exécution du concordat de 1817,
et un autre orateur prouver que le ministère
n'avoit d'autre but que d'en commencer l'exécution. Lequel des deux orateurs avoit raison?
Je l'ignore ; mais je sais bien que nous ne
sommes pas dans un siècle où on prend les esprits par surprise. Que de choses! que de réputations grandissent de nos jours, tant qu'elles
ne sont que le secret d'une coterie, et qui
tombent à plat aussitôt que le bruit qu'on en
fait force la France à s'en occuper!

Lorsque l'Assemblée Constituante dépouilla le
clergé des biens qu'il possédoit, elle régla son
sort de manière qu'il devoit coûter à l'Etat
82 millions par an. C'étoit peu, en considérant
la quantité de personnes qu'il s'agissoit de faire
vivre; c'étoit beaucoup, en réfléchissant que la
valeur des biens se dissiperoit promptement, et
que les charges resteroient. On sait par quels
forfaits elles ont été allégées.

Le clergé n'est pas porté maintenant, dans

les dépenses de l'Etat, pour le tiers de ce que l'Assemblée Constituante lui avoit promis. Il est permis de croire que les biens qu'on lui a enlevés, et qu'on a jetés dans la circulation, donnent, dans la masse des impôts, une augmentation qui surpasse ce que coûtent aujourd'hui les établissemens religieux. L'Etat seroit donc injuste envers les ecclésiastiques, si nous n'avions pas fait tant d'autres folies fort chères qu'il faut payer aujourd'hui, positivement parce que nous sommes réduits à ne plus en faire, et que nous ne voulons pas renoncer à un système ruineux d'administration. Si on savoit administrer la France au même prix qu'avant la révolution, il resteroit amplement de quoi réparer toutes les spoliations religieuses et politiques; mais les hommes qui vivent du Trésor ne se prêteroient pas à cet arrangement. C'est donc toujours sur ceux qui paient qu'on rejette la possibilité de la réparation des injustices; et, comme on a pourtant senti l'urgence de dégrever la propriété foncière, c'est en définitive cette industrie, pour laquelle on affecte quelquefois tant de dédain, qui reste l'espérance la plus positive de ceux qui souffrent; c'est de ses progrès seuls que peuvent naître les moyens d'apaiser toutes les douleurs.

Cette vérité fera sentir combien sont justes les réflexions que j'ai faites sur l'heureuse impossibilité d'arrêter le mouvement donné à l'ordre social, dût-on le condamner moralement.

Le projet de loi du ministère ne demandoit pas d'augmenter la dotation du clergé , mais seulement de déclarer que les pensions ecclésiastiques actuellement existantes ne s'éteindroient plus au profit du Trésor par le décès des pensionnaires , et qu'elles accroîtroient le budget du ministère de l'intérieur, chapitre Clergé.

Cet article a pu être discuté dans une Chambre où il est bon que tout se discute pour l'instruction de ceux qui écoutent ; on a pu dire qu'on vouloit rendre le clergé indépendant , enchaîner les législatures à venir , et toutes autres choses qui sont bien moins à craindre en France que le danger de voir sans cesse remettre en question ce qui sembloit décidé pour toujours, même la Charte. L'article n'a pas éprouvé de contradictions sérieuses ; les députés les plus opposans savoient fort bien que, la liste civile exceptée , tout ce qui tient aux finances se reproduit ou peut se reproduire annuellement.

Le second article du projet de loi indiquoit,

dans l'ordre suivant, l'emploi des sommes que
la mort des prêtres pensionnés laisseroit va-
cantes :

1°. L'établissement et la dotation de douze
siéges épiscopaux dans les villes où le Roi le
jugera nécessaire ; 2°. l'augmentation du traitement des vicaires qui ne reçoivent actuellement que 250 fr. ; le traitement des nouveaux
curés et vicaires à établir, et généralement
l'amélioration du sort des ecclésiastiques et des
anciens religieux et religieuses ; 3°. l'accroissement des fonds destinés aux réparations des
cathédrales, des bâtimens, évêchés, sémi-
naires et autres édifices du clergé diocésain.

Dans la discussion, on a ôté les chiffres qui
sembloient prescrire impérativement l'ordre à
suivre dans l'emploi des fonds. On s'en est rap-
porté avec raison à la sagesse du Roi, à la
connoissance que les ministres doivent avoir
des besoins les plus impérieux parmi des besoins qui sont tous urgens.

On chercheroit vainement, dans ce que j'ai
cité de cette loi, ce qui a pu devenir l'occasion d'une altercation si vive entre le ministère
et les royalistes, qu'il fut dès lors évident que
l'union qu'ils avoient contractée se traîneroit à
peine jusqu'à la fin de la session.

A l'article de l'établissement de douze siéges épiscopaux, le projet ministériel avoit ajouté :

« La circonscription de leurs diocèses sera » concertée avec le Saint-Siége, de manière à » ce qu'il n'y ait pas plus d'un siége par de- « partement. »

On a cherché bien loin les motifs qui avoient engagé le ministère à présenter cette restriction. S'il falloit donner mon opinion à cet égard, je dirois que la crainte de ressusciter des discussions encore récentes a pu décider les ministres. Dans les écrits qu'a fait naître le Concordat de 1817, les opinions opposées se sont accordées sur les inconvéniens de briser, sous ce rapport, l'unité administrative, tandis que l'érection d'un siége épiscopal par département sembloit généralement approuvée. Le siècle tient à l'uniformité ; Montesquieu a dit que c'étoit la manie des petits esprits ; il la reprochoit à Charlemagne. Mais quand les gouvernemens veulent cette uniformité dans les matières fiscales, il ne faut pas s'étonner que les peuples s'en fassent un argument pour d'autres objets. Un siége épiscopal par département ! Ce ne seroit ni comme autrefois, ni comme pendant la révolution, ni comme sous l'usurpation ; cela concilie bien des opinions dans un pays qui désire que le présent soit constitué de manière à interdire à plusieurs passés l'espoir de tout retour. Peut-être aussi le ministère vouloit éviter une discussion dans laquelle le côté gauche, en repoussant le Concordat de 1817, auroit eu cette fois encore l'avantage de défendre une opinion qui avoit été celle de beaucoup de royalistes ; enfin on peut supposer également que le ministère, en montrant au pape qu'on avançoit autant que possible vers le positif de ce Concordat, qui est le rétablissement de la religion, avoit l'espoir qu'on s'entendroit ensuite plus facilement avec la cour de Rome sur des points de doctrine auxquels la France éclairée attache une haute importance. M. de la Bourdonnaye s'est expliqué à cet égard avec une franchise qui fait du discours qu'il a prononcé un discours à part ; et si, dans quelques parties, il a mis une chaleur que je n'approuve pas au moment où je juge avec l'impartialité d'un historien, je n'en suis pas moins disposé à convenir que quand on fait opposition, je trouve que c'est ainsi qu'il faut la faire.

¡La commission à laquelle le projet avoit été renvoyé, fit un amendement qui dérangeoit tous les calculs du ministère ; elle supprima la fixation d'un seul siége épiscopal par département, et décida que les fonds libres par décès seroient employés à la dotation *actuelle* des douze siéges épiscopaux, et *à celle d'autres siéges dans les villes où le Roi le jugeroit nécessaire*. J'ai souligné le mot *actuel* pour montrer combien il est difficile d'enchaîner l'avenir avec des articles de loi, puisque le présent même vient d'échapper aux désirs de la commission par une de ces causes qu'il faut toujours compter dès que l'argent est nécessaire pour établir. Depuis la clôture de la session, une ordonnance du Roi a désigné les douze siéges épiscopaux qui seroient érigés actuellement ; quelques jours après on a annoncé qu'on renonçoit actuellement à l'érection de six de ces douze siéges, les finances spécialement applicables à cet objet ne permettant pas d'aller au-delà.

Le rapport de la commission, fait par M. de Bonald, ne semble pas avoir été écrit pour être prononcé à la tribune ; il présente sans cesse l'idée qu'il s'agit d'une loi religieuse, lorsqu'il étoit plus juste de traiter cette question sous des rapports administratifs, en honorant assez la France pour admettre qu'elle voit avec satisfaction l'intérêt toujours actif du Roi pour recréer les établissemens religieux reconnus nécessaires. Il y a des hommes à qui on diroit volontiers de la religion comme du malheur : « N'en faites pas un privilége ; c'est le » patrimoine de l'humanité. »

En abandonnant toutes suppositions sur les vues que pouvoit avoir le ministère en proposant de limiter le nombre des siéges épiscopaux par le nombre des départemens, dès qu'il le proposoit sans nécessité pressante, seulement comme prévoyance, on comprendra aisément que cette limitation n'étoit pas improvisée ; aussi a-t-elle été défendue par les nouveaux comme par les anciens membres de l'administration. L'amendement de la commission étoit donc une hostilité.

Le ministre de l'intérieur, retenu chez lui par l'état de sa santé, fit lire, avant l'ouverture de la discussion, un discours qui refusoit, au nom du Roi, le pouvoir qu'on lui offroit au-delà de ce que demandoit le projet de loi. C'étoit la seconde fois que le ministère agissoit ainsi dans cette session. Sans revenir sur l'inconvenance de mettre en avant la volonté du souverain, ne pourroit-on pas croire que les ministres, par ces protestations intempestives, vouloient essayer si, en s'engageant à résister au côté droit, ils ne trouveroient pas un appui dans le côté opposé de la Chambre ? Le côté gauche s'est contenté de féliciter publiquement les ministres de ce qu'ils revenoient à leurs *anciens* principes, mais sans leur promettre aucun secours; de sorte que cette discussion présentoit le ministère attaqué par le côté gauche et par le côté droit, se félicitant de tenir un juste milieu entre les extrêmes; tandis que les partisans de la commission crioient qu'eux seuls étoient entre les extrêmes, puisqu'ils avoient pour antagonistes les libéraux et les ministres. Encore un peu, le centre aussi se seroit trouvé un extrême. Quelle manière de raisonner ! Mais comment raisonner autrement quand on n'a pas de doctrines ?

Cette discussion a été conduite avec décence. On auroit désiré que personne ne supposât des intentions secrètes aux opposans; les intentions ne se supposent pas à la tribune. Il auroit été plus noble et plus utile de montrer les progrès faits par l'esprit public, puisque, dans des débats où la religion se trouvoit intéressée, aucun mot n'a été dit qui pût blesser les convenances. Il est triste d'en faire la remarque comme un éloge; mais nous ne sommes pas si loin des temps où la loi étoit athée, que cet éloge soit sans mérite ; il indique le mouvement que l'esprit général de la société imprime à ceux qui discutent ses intérêts. M. Royer-Collard s'est distingué dans cette question, en la ramenant avec esprit à ce qu'elle présente de positif; et, plus que tout autre, il a indiqué les sous-entendus qu'il faut connoître, quand on veut comprendre ce que les coteries ne disent pas, et ce qui est toujours plus curieux que ce qu'elles disent.

Le côté gauche repoussoit le projet; le côté droit ne vouloit que l'amender : malgré toutes les protestations faites d'avance par le ministère, il a fallu qu'il s'arrangeât avec le côté droit. Il y eut conciliation. Après un résumé dans lequel M. de Bonald se laissa emporter par son désir de prêcher jusqu'à être obligé de désavouer ses expressions, il offrit, au nom de la commission, la rédaction suivante, qui fut adoptée :

« A la dotation actuelle de *douze* siéges épis-
» copaux, et successivement à la dotation de
» *dix-huit* autres siéges dans les villes où le
» Roi le jugera nécessaire. »

Cinquante, douze et dix-huit font quatre-vingts; il est difficile, à ce compte, qu'il y ait plus d'un siége épiscopal par département. Pourquoi donc la commission a-t-elle fait tant de bruit ?

Toujours les mêmes fautes qu'en 1815; tou-

jours la prétention d'enchaîner l'avenir autrement qu'en adoptant avec franchise les doctrines du gouvernement établi , ce qui n'a
d'autre résultat que de blesser les ministres , en
leur laissant sans cesse la faculté d'appeler le
parti vaincu contre le parti qui ne sait pas
vaincre. Tant que cela durera, les majorités ne
représenteront rien , et les ministères peu de
chose.

CHAPITRE XIX.

Loi pour fixer le sort des Donataires.

A L'ÉPOQUE où Buonaparte pensoit à se faire empereur, il fut discuté secrètement, mais avec beaucoup de maturité, s'il donneroit à sa cour un ton d'austérité républicaine qui contrasteroit avec le luxe des anciennes monarchies, ou s'il l'abandonneroit au mouvement du siècle qui réclamoit en tout le faste et la dissipation. Cette discussion ne pouvoit être curieuse que par les raisons présentées pour ou contre chaque système ; d'avance, les mœurs l'avoient décidée. Il étoit difficile en effet de faire de l'austérité républicaine chez un peuple qui, le lendemain de la chute de Roberspierre, couroit déjà les bals, les fêtes, les spectacles, et qui n'avoit supporté la domination du Directoire que parce que les plaisirs n'y étoient pas même soumis au joug des convenances. Lorsque les comédiens avoient des maisons montées, les agioteurs des palais, il étoit difficile de vouloir que les gens du gouvernement et de l'administration fussent à la fois distingués et pauvres.

On a beaucoup dit que Buonaparte avoit créé de grandes fortunes ; cela est moins généralement vrai qu'on ne le pense. Les grandes fortunes ont presque toutes été faites avant lui ou malgré lui. Seulement il mit bien des hommes dans la nécessité et dans la possibilité de faire comme s'ils étoient riches ; la représentation y étoit ; le fonds manquoit. Cette manière , qui lui convenoit, parce qu'elle enchaînoit à ses volontés, a dû faire beaucoup de malheureux au moment où il est tombé, et avec lui toutes les ressources amassées par la victoire.

Pour donner avec régularité, il créa le domaine extraordinaire ; c'est-à-dire qu'il sépara de la fortune publique tout ce qui n'étoit pas produit par les impôts, se réservant seul le droit d'en disposer. De grands établissemens , arrachés par la révolution aux anciens propriétaires et conservés intacts comme étant d'utilité générale , formèrent, avec les biens obtenus par les traités de paix , le fonds de ce domaine. Il le distribuoit par parties, sous *le* nom de dotations, avec retour dans des cas prévus ; des titres honorifiques étoient presque toujours attachés à ces dotations. Il seroit fou de prétendre que, dans une cour, rien ne s'accordât à la faveur ; cependant, il est vrai de dire que les dotations alloient d'elles-mêmes, avec une certaine régularité, s'attacher à ceux qui avoient une représentation ou un grade à soutenir. Telle position prise, on savoit, sans le demander, qu'on seroit compris dans les promotions de telle époque ; cela étoit plus régulier encore pour les fonctions civiles que pour les fonctions militaires, peut-être seulement parce que la concurrence étoit moins grande entre les administrateurs qu'entre les officiers. Cette institution étoit conçue dans des vues très-profondes.

Les monarchies absolues ne restent entières qu'autant que personne, dans l'Etat, ne peut se faire par lui-même une fortune aussi grande que celle que le souverain peut faire à ses courtisans ; voilà pourquoi les monarchies absolues s'affaissent à mesure qu'on voit s'augmenter les ressources offertes par le développement de l'industrie. Buonaparte, considéré comme dynastie, n'auroit pas échappé long-temps à cette cause invincible de l'affoiblissement du pouvoir absolu ; il le savoit ; et c'est à cette inquiétude qu'il faut attribuer sa haine contre le crédit public, contre le commerce, contre toutes les fortunes faites librement. Il essaya de ruiner deux chefs de famille financières, en apprenant à quelle somme considérable s'élevoient les droits payés pour le contrat de mariage de leurs enfans; persuadé que, dans cette injustice particulière, il ne combattoit que pour le salut de son système. S'il avoit laissé respirer la France, s'il n'avoit contrarié sans cesse le mouvement naturel de l'ordre social, on admireroit moins aujourd'hui l'habileté avec laquelle il a soumis son siècle. Ceux qui lui reprochent de n'avoir pas su s'arrêter, font, sur les événemens accomplis, de la politique qui n'est pas au-dessus de celle que les royalistes de la Chambre ont déployée dans la discussion sur le règlement des dotations. Il est triste pour moi d'avoir à louer le ministère; mais à quoi ne s'expose-t-on pas de nos jours, lorsqu'on s'est condamné à être impartial? Pour toute ma vie opposé à l'ordonnance du 5 septembre, je ne puis cependant disconvenir que les royalistes sont si habiles, qu'eux seuls peuvent la justifier; ils y travaillent.

La France, en se retrouvant à peine aussi grande qu'elle l'étoit en 1789, avoit à calmer l'impatience de ceux qui souffroient depuis long-temps, et l'impatience plus vive de ceux qui n'étoient pas encore accoutumés à souffrir. Les émigrés vantoient leur résignation; on les prit au mot; c'étoit un grand embarras de moins dans les circonstances. Les hommes auxquels les armes venoient d'enlever ce que les armes avoient conquis, faisoient entendre les cris du besoin : il fallut les apaiser.

Le moyen le plus simple, le plus juste, le moins onéreux, étoit de reconnoître que ce qui restoit du domaine extraordinaire leur appartenoit, et de prendre l'engagement de le leur partager d'une manière équitable. Le Roi n'hésita pas.

Une ordonnance du 22 mai 1816 a reconnu les droits des donataires ; une loi du 15 mai 1818 a déclaré conformément à cette ordonnance ; la question étoit jugée ; et le projet présenté par le ministere n'avoit plus que deux motifs : le premier, de régler l'exécution d'une promesse à la fois royale et légale ; le second, de clore les comptes du domaine extraordinaire sans discussion, sans examen. La fortune de ce domaine étoit considérablement diminuée depuis 1815, et il étoit prudent de ne pas dire pourquoi, les suites du 20 mars ayant pu entraîner des dépenses qu'il ne falloit pas exposer à des débats publics. La politique, le respect dû à ceux qui souffrent, et l'honneur de la France se réunissoient donc pour exiger impérieusement que cette question ne fût considérée que sous des rap-

ports administratifs. En faisant accorder des secours annuels aux donataires dépossédés, le Roi
les avoit préparés à borner leurs désirs ; on peut
affirmer qu'ils se seroient trouvés heureux de
voir ces secours provisoires devenir définitifs
de l'aveu des trois pouvoirs de la société. Une
noble pitié, accordée à leurs regrets bien naturels, n'auroit rien coûté de plus au Trésor, et
auroit préparé les esprits à une juste condescendance pour d'autres regrets qu'il faudra bien
aussi apaiser, si cela est possible.

La commission fit une faute, dès que son
rapport contenoit plus de trois lignes. Elle ne
devoit pas examiner si la proposition, apportée
au nom du Roi, étoit due à la justice ou à la générosité de Sa Majesté ; ce n'étoit pas une question. Elle ne devoit pas examiner si la quotité
de l'indemnité accordée à chaque donataire
étoit déterminée d'après les strictes règles de
la justice distributive ; les donataires ne réclamoient pas, et c'étoit eux qu'il s'agissoit de
contenter.

Dans les quatre premières classes, les pertes
sont si considérables, qu'il n'y a pas de compensation possible ; on les avoit confondues.
On accordoit à tous ceux qui y étoient compris
une pension de 1,000 fr. ; n'étoit-ce pas suffi-

samment reconnoître qu'on ne pouvoit remonter jusqu'aux strictes règles de la justice distributive., sans entrer dans le détail de la fortune des individus, opération odieuse dans tous les gouvernemens, et qui, de nos jours, auroit soulevé contre l'administration publique un mépris qui l'auroit écrasée ? Parmi les donataires des quatre premières classes, il y a des hommes qui peuvent supporter que leur nom se trouve en regard d'une somme de 1,000 fr., par égard pour les donataires dont ils couvrent ainsi la pauvreté, par honneur, puisque ce seroit une condamnation de n'être pas porté sur la liste ; mais ces hommes auroient le droit de s'offenser s'ils n'y étoient admis que d'après les strictes règles d'une justice distributive. Il en est de même de beaucoup de donataires de la cinquième classe, auxquels le projet de loi offre une pension de 500 fr., et de même encore des donataires de la sixième classe, auxquels on donne une pension de 250 fr. La délicatesse ne se classe pas en France ; elle est générale ; et si les membres de la commission n'en sont pas convaincus, il faut les plaindre. Tout ce qui s'écartoit ici de la question financière devoit produire de si effroyables révélations, et mettre à découvet tant de passions honteuses, que je ne comprendrai jamais le courage de ceux qui s'en sont écartés.

Le principal amendement de la commission lui appartient-il? Appartient-il aux circonspects? On pourroit y reconnoître leur avidité.

Le projet de loi déclaroit que tout ce qui deviendroit vacant par la mort des donataires s'éteindroit au profit du Trésor; rien de plus sage en administration et en politique; il faut permettre au temps d'effacer les traces de l'usurpation. La commission offrit au contraire de déclarer que la rente d'un million quatre cent mille francs, dernier reste du fonds des dotations, feroit toujours un petit domaine extraordinaire, qui serviroit à donner des pensions secrètes à ceux qui seroient assez habiles pour en obtenir, à condition que ces pensions ne s'élèveroient pas à plus de trois mille francs; maximum qui, tout modeste qu'il paroisse, est d'un luxe effroyable, placé dans une loi de misère. Qu'est-ce d'ailleurs qu'un domaine extraordinaire dans un gouvernement représentatif? A quoi d'utile serviroit un domaine extraordinaire aussi pitoyablement doté dans une monarchie comme la France?

La commission a fini par retirer son amen-

dement. Que n'a-t-elle pu retirer aussi les discours qu'il a fait naître ?

Le ministère avoit poussé trop loin le respect
pour les droits acquis, en proposant que les
inscriptions de rentes accordées aux donataires
seroient possédées aux mêmes titres et soumises
aux mêmes conditions que les dotations. Des
majorats de mille francs, de cinq cents francs
et au-dessous, ne peuvent être justifiés par
aucune considération politique ; M. Manuel en
a fait l'observation avec justesse ; il a été compris par tous les côtés de la Chambre et par les
ministres. Si l'on doit attacher un jour à l'argent
quelque chose de plus que ce qu'il vaut dans
l'usage habituel de la vie, ce n'est pas entre
deux cent cinquante francs et mille francs de
revenu qu'il faudra placer cette décision d'une
haute importance. La division de l'inscription
de rentes entre les veuves et les enfans des
donataires a été admise sans difficulté.

On croyoit n'avoir plus à discuter qu'une
vingtaine d'amendemens dont quelques uns
n'alloient à rien moins qu'à exclure une partie
des classes, et à créer des commissions ardentes
pour rechercher la fortune personnelle des
donataires, afin d'établir leur mérite et leur
indignité, et exposer le gouvernement royal

à se faire dire : « Que me voulez-vous ? je ne
» vous demande rien », lorsque la commission obtint avec plus d'adresse que de franchise qu'un des amendemens alors en discussion lui fût renvoyé. Le lendemain, elle fit dis-
tribuer un imprimé contenant la rédaction
suivante :

« Les donataires français, entièrement dé-
» possédés de leurs dotations situées en pays
» étranger, et qui n'auroient rien conservé en
» France, *recevront* eux, leurs enfans et leurs
» veuves, en indemnité de leurs pertes, une
» pension viagère, etc. »

Mais lorsque le rapporteur de la commission
lut cet article à la tribune, au lieu de *recevront,*
il dit, *pourront recevoir.* La violente discussion
qui s'éleva sur ce changement, attribué à une
faute d'impression, prouva que la commission,
comme beaucoup d'auteurs de nos jours, trouvoit commode de mettre sa foiblesse sur le
compte de son imprimeur. Elle en fut désavouée.

Il est nécessaire, pour comprendre les variations de la commission, de rappeler que, dans
une des sessions précédentes, la Chambre
avoit demandé, par mesure d'administration,
que la liste des donataires fût imprimée ; le

ministère avoit répondu à cette demande, et la liste avoit été distribuée aux députés. Aucun ministre n'avoit le droit d'en rayer un seul donataire. S'il s'y trouvoit des noms se rattachant à de tristes époques, c'est un inconvénient qui tient à la nature des choses, et qui peut se reproduire dans toutes les collections d'individus. Si la Chambre un jour, par mesure d'administration, demande qu'on imprime la liste des émigrés ; on pourra y trouver le nom d'hommes qui ont trahi la royauté, outragé (s'il pouvoit l'être) le Roi qu'ils avoient servi, et vendu leur honneur aux haines de l'usurpation. Le tribunal de police correctionnelle ayant déclaré, par jugement, que je ne flattois pas les Rois, je puis dire que s'il étoit question de dédommager les émigrés, et que le nom d'un de ces infâmes apostats se trouvât sur la liste, Louis XVIII ne l'apercevroit pas. Et des royalistes espéroient que, dans une question d'argent, le Roi de France prendroit la plume pour rayer des noms que les lois n'ont pas mis hors de cause, et qui ne sont pas à l'abri de sa clémence ? Leur conscience, disoient-ils, ne leur permettoit pas de regarder des listes imprimées comme impératives. Il falloit lire les listes puisqu'on les avoit demandées, et discuter comme si on ne les avoit pas lues ; ce n'étoit pas sans doute comme pièces d'un procès qu'on les avoit réclamées ; rien n'avoit constitué la Chambre juge des individus. Sa position ne ressembloit pas à la Chambre de 1815 si malheureusement appelée à prononcer sur des coupables indiqués, et mettant l'honneur au-dessus de toutes les considérations, ainsi que doit toujours le faire une assemblée qui délibère publiquement. Ici il ne pouvoit y avoir que du scandale à descendre jusqu'aux personnes. Jusqu'où n'a-t-il pas été porté? Quel avertissement donné à la France ? Quelle étude politique n'a-t-elle pas été à même de faire pendant ces déplorables débats!

L'article a passé.

Le ministère n'a point changé de langage ; et lorsque le côté gauche le poussoit à combattre la commission vigoureusement, il l'a évité avec prudence, sentant bien que le seul triomphe qu'il pouvoit obtenir se borneroit à un ajournement, les circonspects ne demandant pas mieux dans l'espoir que les temps deviendroient meilleurs pour faire triompher leur opinion et leur cupidité. Cependant les discours prononcés avoient mis cette affaire au point qu'il y avoit de graves inconvéniens à ne pas la terminer de suite. Les ministres devoient donc accepter une décision, même sous des formes conditionnelles. Les Chambres, en renvoyant au Roi ce que le Roi avoit envoyé aux Chambres, ne remettoient pas les choses au même état où elles étoient avant la présentation du projet de loi. Il n'étoit pas mal d'ailleurs que, dans un gouvernement représentatif, on sentît que la royauté est un excellent contre-poids aux pouvoirs qui délibèrent. Si le contre-poids royal étoit toujours franchement livré au mouvement qu'il reçoit de la Charte, les partis qui veulent régler avec leurs passions les transactions nécessaires entre le passé et l'avenir de la France, seroient bientôt livrés au ridicule. Cela viendra.

On a mêlé les émigrés dans cette discussion ; on a eu tort. On prétendoit qu'on traitoit les donataires plus favorablement que les émigrés n'ont été traités : c'est une erreur.

Il y a des donataires dont la dotation est en France ; elle leur a été conservée entière, parce qu'elle existoit entière.

Buonaparte a rendu aux émigrés, qu'il a rappelés de son propre mouvement, les biens qu'ils retrouveroient entiers ; s'il a mis ensuite

des restrictions à la restitution des bois pour
attirer à lui les familles qu'il vouloit séduire ou
soumettre, le Roi a levé cette restriction aussitôt son retour; et la France a applaudi à cet
acte de justice.

Les donataires, dépossédés par suite des
mouvemens militaires, avoient en commun ce
qui s'étoit accumulé dans la caisse du domaine
extraordinaire. Le Roi n'a pas discuté le point
de droit; il a reconnu le fait; c'est ainsi qu'a-
gissent les vrais Rois, sans trouver mauvais que
M. Piet ne pense pas de même. Dès que la
possession commune étoit reconnue, il falloit
qu'il y eût partage entre les intéressés.

Les émigrés ne possédoient rien en commun;
il n'y avoit donc rien à partager entre eux.
Buonaparte qui, malheureusement pour sa réputation, en savoit autant que M. Piet en point
de droit, a refusé aux émigrés les rentes qui
leur appartenoient, en déclarant qu'il y avoit
confusion. Cette question est restée muette
entre les pouvoirs de la société depuis le retour
du Roi; on ne peut donc pas accuser la France
d'avoir été sévère dans une cause qui ne lui a
pas été soumise; son opinion n'est pas encore
connue. Si cette confusion s'appuyoit sur ce
que l'Etat a liquidé les dettes des émigrés,

comme l'Etat n'a point liquidé les dettes des donataires, il n'y avoit pas de confusion à leur opposer. Enfin, des hommes dont le nom n'est pas inconnu à l'Europe, et ne sera pas étranger à l'histoire, ont perdu des dotations qui montoient à des sommes considérables ; la loi leur accorde en indemnité 1,000 fr. de pension viagère. Si la question des émigrés se produit publiquement comme celle des donataires, les émigrés trouveront-ils juste qu'on discute leur mérite ou leur indignité, avant d'accorder une pension viagère de 1,000 fr. à ceux qui prouveront qu'ils ont perdu cent mille écus de revenu ? Ce n'est pas la même chose, dit-on d'un côté. J'espère que, d'aucun autre côté, on ne répondra : ce n'est pas la même chose ; et qu'on oubliera qu'on partageoit entre les donataires ce que le gouvernement lui-même déclaroit exister encore de leur ancienne fortune ; tandis qu'il faudra s'adresser aux contribuables pour trouver le dédommagement de ce qui n'existe plus. Ceux qui n'ont pas profité des biens des émigrés ne se plaindront pas ; ils jugeront la discussion ; et, s'ils s'abandonnent alors à leurs sentimens, ce ne sera ni pour haïr, ni pour insulter. Nous autres bourgeois, nous savons qu'il n'y a rien de plus noble que les sentimens de ceux qui paient; aussi n'est-ce jamais pour des affaires d'argent que nous élevons des querelles politiques. Nous ne faisons opposition que dans l'intérêt des libertés.

On traite aujourd'hui en France une question d'économie politique qui ne s'étoit point encore présentée dans l'histoire du monde ; la voici :

« Une nation, dans l'exagération de ses
» forces, s'est étendue sur toutes les parties de
» l'Europe; chez elle et au dehors, elle a pris
» et dissipé tout ce qu'elle a pu toucher. Re-
» poussée dans ses anciennes limites, et privée
» de ses colonies, il faut, pour rentrer en grâce
» avec elle-même, qu'elle fournisse au dédom-
» magement des pertes qu'elle a causées. Y par-
» viendra-t-elle? »

Si la question est résolue affirmativement, ne pourra-t-on pas demander à ceux qui ne voient et ne disent que les torts de cette nation, qu'ils cessent de l'accuser, et qu'ils l'étudient? Aucune classe ne peut rétablir ses affaires en se plaçant volontairement en dehors des intérêts créés par le temps; des cris, des injures ne font pas reculer la société. Quand on est appelé à la diriger, la première chose à faire, c'est de la connoître. Les circonspects refusent toute vertu à la France; les ministres la supposent sans esprit ; et cependant , il y a six ans qu'elle échappe à leurs projets , avançant d'elle-même vers la stabilité , prenant chaque jour plus de méfiance contre les partis, mais sachant se servir de leurs passions même pour faire triompher le bon sens et l'équité. C'est ainsi que la solution la plus juste sur l'affaire des donataires est sortie d'une discussion déplorable sous tous les rapports, comme dans les débats relatifs au clergé, les royalistes ont contrarié les ministres avec lesquels ils avoient contracté alliance, sans aucun avantage public et avec perte pour eux. Quand MM. Villèle et Corbières ont donné leur démission, les têtes légères ont cru qu'il alloit éclater un nouveau 5 septembre avec toutes ses conséquences; les royalistes ne sont plus destinés à tant d'honneur. Alors ils étoient forts des nobles doctrines qu'ils avoient adoptées ; maintenant, ils sont foibles de toutes leurs passions ; et, puisqu'ils ont prouvé qu'ils pouvoient se soumettre à deux hommes nommés ministres, il n'y a pas de raison pour que tous les ministres renoncent à l'espoir de les diriger. C'est comme la conquête du monde. Depuis que Buonaparte l'a essayée, tout le monde peut y prétendre.

CHAPITRE XX.

Budget.

La discussion sur le budget a été ouverte le 2 juin et fermée le 22 juillet A quelques heures près données à l'examen de plusieurs objets secondaires, on a donc parlé cinquante jours sur les dépenses et les recettes du royaume, sans qu'il en soit résulté pour la France autre chose que l'ennui d'entendre une si grande quantité de fadaises, qu'elles ont étouffé, dans la mémoire publique, le peu de bons discours qui ont été prononcés. Et quand on pense que les commissions parloient depuis quatre mois sur ce même budget avant de porter leur insignifiant travail à la tribune, on ne peut s'empêcher de penser à la jolie fable de la montagne accouchant d'une souris.

Nos députés, à qui on dispute l'initiative, sont trop ridiculement divisés entre eux pour pouvoir saisir les occasions de remplir leur principal devoir. Ils se sont laissés persuader que c'étoit seulement dans la discussion de la loi des finances, qu'il leur étoit loisible de

parler sur toutes les parties de l'administration ;
de là un déluge de bonnes volontés accumulées
jusqu'à cette époque, et dans lequel se noie la
possibilité de toute amélioration. Lorsque par
hasard il se présente une idée heureuse et d'une
exécution facile, les ministres ne manquent pas
d'avertir la Chambre qu'un article de la constitution de 1791 (car les ministres aiment également toutes les constitutions) défend de rien
ajouter à la loi des finances ; ils citent aussi
l'Angleterre où les pairs ont pour doctrine
constante de refuser le budget dans le cas
où la Chambre des Communes essaieroit d'y
joindre une décision qui ne tiendroit pas littéralement aux propositions de la couronne sur
les recettes et les dépenses. Ce que les ministres
ne disent pas à nos bons députés, c'est que la
constitution de 1791 ne s'étoit pas montrée
très-libérale en évitant d'enchaîner, par la loi
des finances, ce qu'on appeloit alors le pouvoir
exécutif, puisqu'elle l'avoit garrotté de cent
mille autres manières ; ce que les ministres ne
disent pas non plus, c'est qu'en Angleterre les
propositions partant en général de la Chambre
et non du ministère, les députés ont tant de
moyens pour s'exprimer sur toutes les parties
de l'administration, qu'ils auroient bien mau-

vaise grâce s'ils cherchoient, dans le budget, une force qui ne leur manque dans aucune autre circonstance. Il devroit être défendu à nos ministres de citer l'Angleterre ; n'est-ce pas assez qu'il leur soit permis d'interpréter la Charte ? Faut-il leur accorder le privilége de poursuivre le gouvernement représentatif, même hors du continent ?

La règle établie en France est donc que nos députés peuvent parler sur tout à l'occasion du budget, mais qu'ils ne peuvent décider de rien. Doit-on s'étonner si, depuis six ans, on tracasse le ministère sans profit pour les contribuables, si on lui dit des injures sans autre avantage que les injures qu'il rend par compensation, et si l'unique résultat d'un millier de discours, qui tous réclament des améliorations, est de sanctionner légalement les abus contre lesquels on a tant crié ? Que fait à la France tout ce parlage ? Que lui importe qu'une centaine de députés, qui n'ont pas dit un mot pendant la session, viennent embarrasser la discussion du budget par des opinions insignifiantes, uniquement pour s'épargner la honte de s'entendre reprocher, dans leurs départemens, de n'avoir pas fait valoir la réputation d'esprit qu'ils s'y sont acquise ? Nous ne manquons pas d'orateurs ; nous en avons trop ; nous en aurons trop tant que les partis ne se classeront pas de manière à reconnoître des chefs à la tribune. Aussi long-temps que chacun croira devoir dire son mot sur chaque question, toutes les questions resteront indécises. Après une attaque sérieuse qui frappe le ministère de stupeur, qui n'a pas remarqué souvent qu'un sot, en croyant ajouter à l'effet qui vient d'être produit, offre l'occasion d'une réplique si facile qu'il est permis de croire que les députés auxquels les ministres répondent le plus volontiers, ne sont pas ceux qu'ils redoutent davantage. Lorsque M. Pasquier a cru devoir mettre l'Europe dans la confidence de ses affections, il n'a pas compté les mauvais orateurs du côté gauche au nombre des hommes pour lesquels il avouoit ses penchans ; c'est de l'ingratitude, car ils lui ont rendu de grands services.

Quel étrange spectacle que celui de royalistes reprochant publiquement aux ministres de ne pas aimer les royalistes, et de ministres expliquant le degré de servilité qui les unit à des hommes, le degré d'indépendance qui les éloigne d'autres hommes ! Si les royalistes sont sincèrement attachés à l'ordre constitutionnel,

que leur importent les affections du ministère !
N'est-ce pas positivement pour que le sort des
Français ne dépendît plus du caprice des agens
du pouvoir, que nous avons déclaré les principes de notre droit public, que nous avons
reçu avec reconnoissance la Charte que nous
a donnée le Roi ? Faites-vous craindre des
ministres qui veulent le despotisme par le maintien du système administratif de Buonaparte;
séparez vous des circonspects qui veulent le
despotisme d'autrefois pour s'emparer de tout
ce qui est productif aujourd'hui ; allez droit
à la France ; elle seule peut et sait classer les
hommes qui défendent ses intérêts. Pour les
ministres, ils n'aimeront jamais que la haine
ridicule des partis par laquelle ils se conservent
ministres, et détesteront toujours le triomphe
des doctrines constitutionnelles devant lequel
ils doivent se retirer un jour. Du reste, ils
n'ont ni préférence, ni éloignement pour les
hommes qui veulent servir ou se laisser tromper;
et quand les royalistes ont consenti à se faire
ministériels, on ne peut pas dire que le ministère les ait repoussés ; ce seroit une calomnie.

On a parlé de tout à l'occasion du budget ;
et certainement il ne me prendra pas fantaisie
de copier *le Moniteur* pour en fournir la preuve;

mes lecteurs ne me le pardonneroient pas. Je me contenterai de faire sortir de ce conflit de discours quelques réflexions à l'appui de l'idée principale de cet ouvrage.

« La France marche à la prospérité indé-
» pendamment des vices de son système d'ad-
» ministration. »

Depuis que nous avons un gouvernement représentatif, aucune économie n'a été faite dans les dépenses publiques; au contraire, les inutilités dispendieuses ont toujours été en augmentant. Cependant, on vient de diminuer la contribution foncière de plus de vingt-sept millions. Sur cette somme, près de vingt millions sont remis, par dégrèvement, à cinquante-deux départemens considérés comme plus imposés que les autres; le reste sera également partagé entre tous les départemens, en diminution des centimes additionnels.

Puisqu'on n'a retranché sur aucune dépense la somme dont on allége la propriété, il faut bien que cette somme ait été fournie par le développement progressif du commerce et de l'industrie; la consommation est donc plus forte, plus générale; dès lors il y a prospérité, non par le fait de l'administration qui n'a su faire aucune économie sur une recette de neuf cents millions, mais par une activité que les Français ne doivent qu'à eux, et qui couvre les vices du système par lequel on croit les conduire. Les ministères, qui se sont succédé depuis 1815, ne pourroient citer ni une loi, ni une ordonnance, ni un règlement auxquels ils osassent attribuer les progrès de la richesse publique ; partout où ils sont intervenus directement, comme dans l'affaire des grains, ils ont fait des opérations ruineuses et sollicité des précautions désastreuses. Par leurs propres aveux, il seroit facile de leur prouver qu'ils pouvoient diminuer la contribution foncière dix-huit mois plus tôt ; et, par leurs propres aveux encore, qu'ils auroient pu, cette année, supprimer quelques impôts onéreux et scandaleux, puisqu'il est incontestable qu'il y aura un excédant assez fort des recettes sur les dépenses. C'est donc en dépit du système de l'administration, que la France prospère ; c'est par son intelligence et son industrie qu'elle sauve la propriété ; les ministres n'y sont pour rien.

De ce que les ministres ne font aucune économie, de ce que nos députés ne savent pas les amener à en faire, on auroit tort de conclure que le gouvernement représentatif ne soit bon à rien. Le ministère ne peut se dispenser d'en admettre les formes; la France y joint le fond par ses mœurs, ses volontés, son instruction ; ce qui est dans les esprits supplée à ce qu'on cherche vainement dans les lois; et la publicité à laquelle les hommes timorés attribuent les périls dont on s'amuse quelquefois à orner la monarchie, fait la force du trône et la sécurité de tous. Sans le gouvernement représentatif, la plus value des impôts de consommation auroit été dissipée, et la contribution foncière seroit restée la même ; sans le gouvernement représentatif, on auroit aisément dépensé vingt-sept millions de plus, et on n'auroit pas manqué de financiers pour prouver que cela devoit être ainsi. N'a-t-on pas vu M. Bourienne, rapporteur des dépenses, proposer un petit amendement qui pouvoit nous coûter un jour près de quatre millions, et cela en dérangeant une volonté directe du Roi pour l'entretien de sa maison militaire? Je répéterai encore, dans cette circonstance, *qu'on ne prend pas en France les esprits par surprise.* L'amendement a été rejeté. Si l'éclat donné à ce qui entoure le trône étoit un jour onéreux pour la liste civile, qu'on le dise franchement; les Français ne reculent jamais devant cette manière de les attaquer.

La nécessité d'une discussion publique est un bien incalculable; c'est la base de l'ordre. Le despote le plus indépendant de l'opinion publique, dès qu'il sent le besoin de l'ordre, n'est pas indépendant de l'opinion des agens avec lesquels il faut qu'il établisse les comptes qu'il veut présenter; il veut bien mentir à tous pour régner sur tous; il est honteux s'il est réduit à mentir devant quelques uns. Lorsqu'on discutoit au conseil de Buonaparte le budget que devoit approuver le Corps-Législatif, Buonaparte n'insistoit pas sur une proposition quand le plus grand nombre de ses conseillers baissoient les yeux. Son domaine extraordinaire, ses actes de violence à l'égard des financiers le mettoient personnellement au-dessus des sujétions que l'ordre impose; mais, par le budget même, il soumettoit à l'ordre tous les administrateurs; c'étoit beaucoup. A cette époque, on n'auroit pu accuser des ministres d'avoir offert cent mille francs pour apaiser une espérance déçue; s'ils les avoient offerts, personne n'auroit été en droit de le leur reprocher; car certainement c'eût été de leur fortune personnelle qu'ils auroient tiré cette somme. Si l'ordre suffit pour contenir les agens de l'administration sous un gouvernement despotique, quel effet la publicité ne devroit-elle pas produire dans un gouvernement représentatif?

En s'obstinant à conserver le système de l'administration buonapartiste, nos ministres ne sont pas plus au-dessus d'une certaine pudeur que Buonaparte ne l'étoit lui - même ; et j'ai déjà remarqué que, sous le rapport des finances, nous entrons chaque année davantage dans les conséquences du gouvernement établi. Ce que les hommes éclairés demandent à la tribune ne leur est pas toujours accordé à la tribune ; mais le ministre l'admet en pratique ; cela vaut mieux. Il faut s'entendre cependant ; les ministres cèdent sur ce qu'ils ne pourroient refuser long-temps sans faire soupçonner leur délicatesse personnelle, sans s'exposer à une responsabilité qui peut arriver un jour. Il y a si long-temps qu'on l'annonce. Mais ils résistent sur l'ensemble du système ; de sorte que les Français peuvent dire que c'est régulièrement et avec la plus grande publicité qu'on leur fait faire annuellement neuf cents millions de dépenses, sans aucune proportion avec les services qu'on obtient de cette somme.

Le mal qui nous travaille est tout entier dans le maintien d'une administration créée dans des vues politiques qui ne sont plus qu'un rêve

aujourd'hui: L'usurpation corrompoit par nécessité ; dans une juste défiance contre ce qui
ne vivoit pas d'elle, elle devoit tout solder et
solder largement, afin de briser les positions
indépendantes. Et comme on ne corrompt
point par calculs politiques, sans redouter,
dans chaque individu, les effets de la corruption, il falloit multiplier les vérifications, les
contrôles, les inspections ; il falloit finir par
tout centraliser, le seul contrôle réel n'étant en
définitive que celui que le maître pouvoit exercer lui - même à chaque instant. Les maires
furent faits agens de l'administration publique,
et pourtant les préfets faisoient le budget des
communes, et les commis de Paris retouchoient
le travail des préfets. Les conseils - généraux
étoient nommés pour voter des dépenses; on
ne leur auroit pas laissé le soin de diriger l'emploi des sommes qu'ils votoient; on confioit la
vie des hommes aux colonels, mais voilà tout;
on ne se seroit pas fié à eux pour l'administration des soldats qu'ils pouvoient faire tuer.
L'argent arraché par les conquêtes suffisoit à
peine au salaire des employés de la nation
conquérante, et les projets d'envahissement
grandissoient sans cesse avec les besoins.

Nous ne sommes plus le même peuple;

pourquoi persister à nous administrer de même ? Les positions indépendantes dominent aujourd'hui l'ordre social ; c'est dans les positions indépendantes que la royauté et les libertés cherchent des garanties ; et n'est-ce pas pour remonter aussi haut que possible à ces positions indépendantes qu'on a changé la loi des élections ? Le bon sens et les lois ont prononcé au fond la mort d'un système qu'on ne pouvoit justifier que par des considérations politiques contre lesquelles notre existence entière s'élève maintenant ; et cependant les ministres s'obstinent à le retenir par les détails, dans la folle espérance d'y trouver un pouvoir qui les dédommage du tort considérable que la proclamation de la Charte a fait au despotisme. Pour eux, le despotisme étoit le bon temps. Alors, on n'étoit pas obligé d'avoir raison ; le Corps-Législatif rendoit ses oracles sans parler ; quand on avoit mis un homme dans une position, il en sentoit si bien les conséquences qu'on n'étoit pas obligé de les lui apprendre. Aujourd'hui, c'est toujours à recommencer : ils se vendroient, qu'ils ne se livreroient pas. Vous les faites préfets, ils ont des opinions ; vous les faites juges, ils croient que c'est pour rendre la justice ; ils sont généraux, et pensent qu'il leur est permis de défendre les intérêts publics; si Montesquieu vivoit, et qu'on le fît ambassadeur, il ne renonceroit pas à éclairer le monde. Tout cela est mortel pour les ministres. Si on parvient à renverser le vieux système d'administration buonapartiste, que leur restera-t-il pour se croire quelque chose de puissant? Pas même un salon. Comme les ministres en Angleterre, il faudra qu'ils aient du talent, et non une table ouverte.

Les députés peuvent-ils croire que des paroles prononcées, à l'occasion du budget, sur toutes les parties de l'administration, aient assez de puissance pour renverser un système qui ne dure que par l'absence de lois protectrices des libertés publiques, par l'absence d'institutions conformes à l'esprit du gouvernement établi? Qui ne sent, au contraire, l'impossibilité d'obtenir un seul triomphe, dès qu'on reste, comme les années précédentes, dans la nécessité d'essayer un succès contre chaque abus? Les discours sur les ministères, la loterie, la justice, la petite-bière, la marine, la piquette, l'huile, la gendarmerie, les écoles chrétiennes, le sel, le conseil-d'Etat, les préfets, la police, l'université, sont certainement des discours admirables; mais qu'ont-ils produit? Un retranchement de trois cent mille francs sur un budget de neuf cents millions. Tel est l'unique résultat de dix volumes de mots mis plus ou moins correctement les uns à la suite des autres.

Jusqu'à ce que nos députés sachent qu'on n'obtient les conséquences d'un gouvernement libre qu'autant qu'on en adopte franchement les doctrines, toutes les discussions, même les plus matériellement administratives, seront des querelles de partis et des inutilités. Il est possible qu'il y ait en France des hommes désœuvrés que ces débats amusent le lendemain matin, parce que les journaux sont moins monotones quand on discute à la tribune que quand ils sont obligés de se proportionner à l'esprit des censeurs ; mais les Français véritables penseront toujours qu'il est fort extraordinaire que des députés, qui ne trouvent rien à dire pour la défense des libertés publiques, puissent parler quatre jours de suite sur l'emploi d'une somme de cinquante mille francs accordée à l'instruction primaire ; somme qui, d'après les calculs de M. Cornet-Dincourt, donneroit quarante sols à sacrifier à l'éducation dans chaque commune de France.

Dans cette discussion, on a vanté publiquement les avantages de l'ignorance; et, sur une interpellation faite au côté droit, beaucoup de députés ont répondu qu'ils ne vouloient avoir pour domestiques que des gens ne sachant pas lire. Que ces Messieurs sont heureux! Ils ont conservé la simplicité des mœurs anciennes; ils ont trouvé des femmes qui n'ont d'autres prétentions que d'être de bonnes ménagères; eux-mêmes font leur occupation des derniers détails de leur maison; pour nous, malheureux enfans d'un siècle de perdition, nous vivons si noblement que si les gens qui nous servent ne savoient ni lire, ni écrire, nous serions assez embarrassés de vivre; et nous préférons les domestiques qui peuvent tenir compte des détails dont on les charge, ne fût-ce que pour avoir plus de temps à consacrer à l'examen des grandes pensées de nos législateurs.

Le dégrèvement devoit passer tel qu'il a été présenté par le ministère, puisqu'il s'appliquoit à cinquante-deux départemens, ce qui donnoit la certitude d'une majorité; mais aussi il devoit être vivement critiqué par les députés des départemens qui n'étoient pas appelés au partage; on savoit cela d'avance. Le ministère n'avoit aucun intérêt à ne pas agir avec équité d'après les renseignemens qu'il s'étoit procurés.

Ces renseignemens sont-ils les meilleurs possibles? Cela est probable. Sont-ils hors de contestation? Je ne le crois pas; et c'est ce qui m'enchante. Lorsque tout le monde s'évertue pour connoître à fond le revenu des propriétés, mon plaisir est d'entendre énumérer les difficultés d'y parvenir. La propriété a et doit avoir ses mystères. Si des départemens ont été exclus à tort du dégrèvement, que leurs députés s'appliquent à obtenir le retranchement des dépenses inutiles, et on dégrèvera les provinces jusqu'ici négligées. Les hommes si réguliers qu'ils vouloient ajourner le soulagement de la propriété jusqu'à un plus ample informé, ne devoient pas mieux réussir que les députés libéraux qui défendoient la surcharge des impôts par respect pour le nombre des électeurs. Qu'ils se rassurent : si ce nombre tombe trop bas, on le verra promptement s'élever trop haut. N'est-ce pas ainsi que tout va dans ce monde ? Et quand un excès triomphe, ce qu'on oublie toujours dans les reproches qu'on lui adresse, n'est-ce pas l'excès contre lequel il s'est soulevé? J'ai beaucoup entendu parler de vainqueurs généreux; pour moi, je n'en ai encore vu que dans les tableaux.

Toutes les parties du budget ont obtenu la majorité ; la Chambre s'est montrée aussi facile que ses commissions l'avoient été , même pour les fonds attribués à la police. En effet, il est d'une sage politique de faire croire qu'il y a une police ; et comment la France ne le croiroit-elle pas , en voyant qu'on dépense des millions pour qu'il y en ait une ?

M. de la Bourdonnaye s'est relevé, à la fin de la discussion , de la position difficile dans laquelle on l'avoit placé en le nommant rapporteur de la commission pour la partie des recettes. Il paroissoit étrange de le voir sans cesse attaquer le ministère comme député, tandis qu'il le sauvoit de toutes attaques comme rapporteur. Le public ne comprend pas bien ces distinctions subtiles, et le public a raison.

Plusieurs fois on avoit essayé d'établir en fait que le ministère ne peut pas, les Chambres assemblées , outre-passer le crédit qu'il est d'usage de joindre à l'autorisation qu'il obtient pour lever des douzièmes provisoires ; le ministère avoit toujours éludé de reconnoître cette jurisprudence , et les royalistes paroissoient disposés à fléchir. Cette question s'étant reproduite à la discussion des derniers articles du budget, M. de la Bourdonnaye s'est exprimé avec cette clarté qui lui est particulière, et qui met à jour le fond de sa pensée.

« Lorsque des hérésies continuelles partent du banc des ministres, c'est surtout au rapporteur de la commission qu'il appartient de les relever ; je viens donc remplir ce devoir auprès de vous. J'ai entendu, avec un étonnement qui sans doute aura été partagé par une grande partie des membres de cette Chambre, M. le ministre des finances vous dire que, lorsque le crédit de deux cents millions, mis à sa disposition par les Chambres, auroit été épuisé, il continueroit à payer encore sur les ordonnances du Roi qui lui seroient présentées. Ici, Messieurs, la question est très-grave : il s'agit du pouvoir législatif tout entier ; il s'agit de savoir si un budget est nécessaire, ou s'il ne l'est pas. »

« Je reconnois au monarque tous les droits que l'article 14 de la Charte lui accorde. Oui, sans doute, toutes les mesures nécessaires au salut de l'Etat doivent être exécutées sans délai, sur un ordre signé du Roi, contresigné par un ministre ; mais il faut, pour que cet ordre soit exécuté, qu'il ait été rendu en l'absence des Chambres, et dans un moment tellement pressant que les Chambres ne puissent être réunies ; car vous conviendrez que si tandis que la législature est assemblée, un ministre du Roi pouvoit outre-passer les attributions qui lui ont été déférées par l'autorité législative, s'il pouvoit disposer des trésors de l'Etat, il seroit inutile que vous fixassiez les dépenses. »

« Je crois qu'une telle hérésie n'a pu échapper qu'à

la chaleur de l'improvisation, et qu'elle sera désavouée par le ministre : sans cela, je déclare ici, malgré la confiance qu'il m'inspire, que je serois le premier à venir déposer sur ce bureau une attaque personnelle, que je le traduirois devant vous, et que je l'accuserois d'avoir violé la constitution de l'Etat. »

C'est le dernier compliment que le ministère ait reçu à l'occasion du budget. Il a obtenu neuf cents millions à prendre sur les contribuables; mais on lui a dit son fait, et la France doit se trouver bien soulagée.

Comme historien, je crois devoir consigner que toutes les fois que M. Terneaux a pris la défense des intérêts publics, M. Puymaurin l'a interrompu pour le renvoyer à ses mérinos et à ses cachemires; d'où je conclus que quand on s'est proclamé à la tribune gascon et royaliste, on a le privilége de trouver mauvais qu'un manufacturier, nommé député, ait une opinion sur les finances de l'Etat. Peut-être en effet ne devroit-il être permis d'avoir des connoissances applicables à la prospérité publique, qu'à ceux qui sont salariés. M. Puymaurin pourroit faire, de cette doctrine, la légende d'une médaille.

CHAPITRE XXI.

Loi de Censure.

LA nation française s'est laissée entraîner par des folies pendant vingt ans; les ministres en concluent qu'on peut la mener avec des bêtises; de toutes les conclusions, on ne pouvoit en tirer une plus fausse.

Les Français, emportés par leurs passions, se sont trompés, mais on ne les a pas trompés. Buonaparte lui-même n'a pas eu cet honneur; on l'a toujours vu venir. Une fois entrée sous sa domination, la France en a prévu toutes les conséquences; elle l'a suivi tant qu'elle n'a pu faire autrement sans risquer de retomber dans l'anarchie, elle l'a abandonné à la première occasion qui s'est présentée. Cette occasion étoit la possibilité du retour du Roi; et si on nie que l'immense majorité des Français ne l'ait saisie avec empressement, il n'y a plus rien dans l'histoire qu'on ne puisse contester.

Le Roi a rallié à lui tous les sentimens; la Charte s'est présentée pour rallier les opinions.

Personne alors n'a considéré la liberté de la

presse comme une permission constitutionnelle d'envoyer un ouvrage à l'impression, et de le déposer, quand il est imprimé, dans le magasin d'un libraire. Pour tous les esprits, la liberté de la presse signifioit et signifie la publicité générale des pensées dans un but d'utilité publique, dont la France seule reste juge.

Dès qu'on reconnoît un juge qui a le droit de prononcer avant le public, il n'y a plus de liberté de la presse. Lorsqu'elle produit des délits, les juges légaux arrivent à leur tour, non pour opposer leur opinion personnelle aux opinions des écrivains; mais pour leur appliquer les lois comme à tous les autres accusés. Ce n'est point parce que les tribunaux trouvent mal qu'on vole et qu'on assassine, qu'ils condamnent les voleurs et les assassins, mais parce qu'ils sont chargés d'assurer l'exécution des lois faites pour punir les criminels.

La liberté *légale* des opinions est en effet ce que la Charte nous a promis; jamais les Français n'ont demandé davantage. Cependant les ministres ont encore osé, cette année, parler des dangers de la liberté *illimitée*, quoiqu'on leur ait dit cent fois qu'il ne s'agissoit pas de cela. C'est trop prolonger le privilége ministériel de raisonner faux; mais comment raisonner juste quand on s'est donné le problème suivant à résoudre ?

« Accorder la liberté de la presse à un peuple,
» en le privant des moyens nécessaires pour
» donner de la publicité à ses pensées. »

La solution de ce problème est plus difficile à trouver que la solution d'un autre problème ministériel, qui du moins se décide par les faits :

« Accorder le gouvernement représentatif à
» un peuple pour qu'il puisse défendre ses in-
» térêts, et le conduire par un système d'admi-
» nistration créé dans le seul intérêt du despo-
» tisme. »

En ressuscitant les partis, en les mettant en présence, on peut obtenir que les partis ne dé-fendent que leurs passions, et qu'ils oublient de défendre les intérêts publics. Il y a de cela mille exemples dans l'histoire. La seule chose qui soit particulière à nos jours, c'est que des moyens qui réussissoient autrefois, soient main-tenant sans résultat pour le pouvoir. Rien ne prouve davantage combien les esprits ont acquis d'expérience.

Mais si on peut allumer les passions pour les détourner de l'intérêt général, il est impossible d'obtenir qu'elles soient ardentes et silencieuses ;

plus difficile encore de les faire consentir elles-mêmes à se soumettre aux calculs du pouvoir. Aussi la liberté de la presse, toujours attaquée par le ministère, a-t-elle toujours été mieux défendue à la tribune que les autres principes de notre droit public.

Les ministres prétendent que la liberté légale des journaux n'est pas comprise dans la liberté légale de la presse; c'est-à-dire que le moyen le plus efficace de publier ses pensées ne fait point partie de la publicité des opinions.

Comme les peuples ont toujours voulu des libertés, et que les agens du pouvoir n'ont jamais voulu d'eux - mêmes que les peuples fussent libres, on devroit convenir franche-ment qu'il n'appartient pas aux ministres d'ex-pliquer les articles de la Charte qui sont favo-rables aux libertés. Que les ministres expliquent les articles de la Charte qui sont favorables au pouvoir, qu'ils les étudient, qu'ils les com-prennent bien, et qu'ils nous laissent le soin d'entendre nos pensées telles que le Roi les a saisies, et nos libertés telles qu'il nous les a données. Quand les lois fondamentales d'un pays ont été publiées, il est à la fois honteux et dangereux de déclarer qu'on ne peut gou-verner d'après les lois fondamentales; cela

ressemble trop à toutes les constitutions proclamées pendant la révolution. Jusqu'ici personne ne s'est trouvé bien de dire à une nation :
« Voici les lois que vous désirez; on vous les
» donne; et vous ne les-aurez pas. » Les enfans
se fâchent quand on leur parle ainsi.

Je ne connois pas de fait qui soit plus hors
de discussion dans les esprits, que l'incompatibilité de la censure avec la liberté constitutionnelle de la presse. Les ministres ne l'ignorent
pas. Aussi n'est-ce jamais que pour une année
qu'ils demandent cette censure, et d'une manière si honteuse qu'on pourroit croire que c'est
par pitié qu'on la leur accorde. L'année passée, ils la durent au trouble qu'un effroyable
assassinat avoit jeté dans tous les cœurs ; cette
année, comme à l'ordinaire, ils sont venus la
réclamer à la fin de la session, comptant plus
sur la lassitude de nos députés que sur toute
autre considération, n'osant pas dire le bien
que cette censure a fait, et se bornant à laisser
entendre qu'elle a prévenu beaucoup de mal.
Cela ne leur a pas même réussi ; car on leur a
montré que la division des partis est devenue
plus tranchante à mesure que le régime de la
censure s'est prolongé. Quelle étrange manière
de calomnier une nation que de laisser entendre

qu'elle seroit plus passionnée, plus criminelle, si ses pensées eussent été libres de se manifester ! Et les députés de cette nation ne se lèvent pas pour repousser une aussi odieuse calomnie, pour prouver à l'Europe que tout ce qu'il y a de bien dans notre situation vient de nous, tout ce qui est mal, du système suivi par le ministère !

Depuis la proclamation de la Charte, si la presse eût été libre, les fausses doctrines n'auroient pas fait les progrès qui nous affligent aujourd'hui ; c'est sous la protection du ministère qu'elles se sont étendues; c'est malgré le ministère que nous les avons combattues; c'est, en dépit de toutes ses combinaisons, qu'il a pu trouver encore des royalistes pour les appeler à son secours quand il a craint, non pour le trône, mais pour son pouvoir.

Si la presse eût été libre, les royalistes n'auroient pas démenti, dans cette session, les doctrines sous lesquelles ils avoient cherché et trouvé un abri contre les persécutions du ministère. Avertis au jour le jour des piéges qu'on leur tendoit, ils auroient su que le salut de la monarchie n'étoit pas dans des intrigues, mais dans un attachement inviolable aux principes qu'ils avoient adoptés lorsqu'ils étoient proscrits.

Si la presse eût été libre, nous aurions la Charte que le Roi nous a donnée. C'est parce qu'on la retient en détail que tant de défiances s'élèvent de tous côtés, que tant de folles espérances se perpétuent, et qu'il y a des opinions dangereuses. Si nos institutions étoient des vérités, craindroit-on sans cesse de les voir renverser avec des paroles ? Et le ministère lui-même n'avoue-t-il pas que tout est illusion et contradiction, lorsqu'il accorde à des écrits la puissance de tout écraser, même les lois faites pour punir les écrits factieux ?

Le ministère a un parti qu'il avoue hautement, indépendamment des alliances qu'il contracte alternativement avec tous les partis. Que le ministère nous cite les doctrines de son parti, qu'il nous dise quelles sont les libertés que son parti a défendues, l'appui qu'il a prêté au bon droit persécuté, la part qu'il a prise dans la défense des intérêts publics, les économies qu'il a réclamées dans la discussion du budget ; et qu'il nous reproche ensuite de n'être pas semblables aux hommes de son parti. Nous conviendrons franchement de nos torts, nous avouerons avec humilité combien nous sommes coupables d'avoir fait opposition, lorsqu'on nous aura fait connoître les vertus, le désintéressement, le patriotisme et les talens des ministériels ; mais si la France entière a donné à ce parti un nom peu honorable, le ministère a-t-il le droit de se plaindre que, libéraux ou royalistes, nous repoussions sa direction, que nous lui refusions un arbitraire qu'il ne veut employer que pour réduire les hommes d'une certaine élévation à la taille de ses amis ?

Si le ministère n'a jamais rien fait que de changer de mesures et de combattre les conséquences de toutes les mesures qu'il adoptoit, si, quatre années de suite, on a pu lui reprocher d'avoir affoibli la monarchie pour plaire aux libéraux ; si, cette année, on a pu lui reprocher d'avoir cédé, contre ses opinions, aux volontés des circonspects, et seulement pour gagner le temps où il pourroit essayer de se délivrer d'une alliance mal contractée, pourquoi prétendroit-il que les hommes éclairés et indépendans l'eussent suivi dans ses variations, se fussent soumis à ses calculs ? Bons ou mauvais, ses calculs du moins lui appartiennent ; il a pu les faire dans des vues politiques, et, par cela même qu'il les a conçus, c'est librement qu'il s'y est livré. Mais vouloir que la France les ait adoptés sans savoir pourquoi, qu'elle ait varié sans comprendre les causes de ses variations, qu'elle ait approuvé et blâmé les mêmes choses uniquement parce que le ministère les faisoit et les défaisoit, c'est une folie qui passe toutes les folies dont l'histoire fasse mention.

Le ministère veut détruire les partis dans ce qu'ils ont d'extrême ; la France veut la même chose. Mais le ministère veut briser les partis pour établir sa domination ; la France pour n'être soumise qu'au Roi et aux lois. Qui se montre plus sage de la France ou du ministère ? Qui va le mieux à son but ? Le ministère a subi successivement le joug de tous les partis qu'il avoit la prétention d'affoiblir ; la France s'est soustraite à la domination de tous les partis ; et, aujourd'hui comme en 1814, elle ne veut encore que le Roi et des lois. Cependant on prétend l'interdire, et c'est le ministère qui réclame la tutelle ! En vérité, le monde est bien étrangement organisé.

Que peut-on reprocher à la France ? Manque-t-elle de générosité lorsqu'il faut régler les dépenses de l'Etat ? Montre-t-elle de l'impatience pour obtenir les libertés qui lui ont été solennellement promises ? Provoque-t-elle violemment l'abolition des lois qui contrarient sa marche naturelle ? Qu'on cite un seul écrivain aussi passionné que les ministres se sont montrés à la tribune, aussi irritant contre les partis; qu'on cite, dans la société, des injures, des fureurs qu'on puisse comparer aux injures et aux fureurs dont on nous a donné cette année la représentation; et je conviendrai que le ministère pouvoit demander la censure, que les députés pouvoient l'accorder. Tant que la sagesse sera dans la nation, parce qu'elle est en repos, l'aigreur dans les pouvoirs et dans les autorités, je trouverai extraordinaire qu'on veuille ôter la censure au public qui la fait très-bien, pour l'accorder aux ministres qui la font très-mal. Ce public, plus mûr qu'on ne le croit pour le gouvernement constitutionnel, a de lui-même écarté la foule des écrivains politiques; chaque parti n'avoue maintenant qu'un petit nombre d'hommes dans les questions qui l'intéressent; on pouvoit donc déjà compter sur le respect des convenances. Les réputations faites ne se compromettent pas aisément. Mais lorsque la clandestinité intervient pour prononcer dans des intérêts publics, on ne peut plus compter même sur la décence; et c'est avec raison que M. Benjamin Constant a dit que les temps de la censure pouvoient s'appeler les saturnales de la calomnie. Aussitôt que le pou-

voir se permet d'attaquer, et interdit la défense, les hommes qui ont une réputation
trouvent le tribunal de la censure plus odieux
que le tribunal révolutionnaire. L'horreur attachée au nom des juges de sang a toujours
suffi pour justifier leurs victimes ; la honte
qu'il seroit facile d'attacher au tribunal de censure, dans un gouvernement représentatif,
seroit aussi une belle justification contre les calomnies ; mais quand on a proposé que les
censeurs fussent obligés de signer leurs décisions, cet amendement a été repoussé.

Le projet présenté par le ministère rappelle
certains chapitres de l'*Esprit des Lois*, si remarquables par la grandeur des pensées et
l'économie des paroles. Le voici :

« La loi du 31 mars 1820, relative à la pu-
» blicité des journaux et écrits périodiques,
» continuera d'avoir son effet jusqu'à la ses-
» sion de 1821. »

L'exposé des motifs auroit gagné à n'être
pas plus long que la loi. Ne suffisoit-il pas de
dire : « Messieurs, nous comptons sur la ma-
» jorité ; sans cela, nous ne serions pas plus
» hardis que les ministres anglais, qui jamais
» n'ont osé demander la suspension de la li-
» berté de la presse. »

M. de Vaublanc, rapporteur de la commission chargée d'examiner ce grand projet de loi, a prouvé qu'on peut avoir été bon ministre de l'intérieur, et prendre dans l'opinion une place beaucoup plus élevée. Le discours qu'il a prononcé a fait une vive impression sur la Chambre ; la France éclairée y a remarqué avec plaisir la franchise d'un honnête homme unie à la force qui distingue les véritables hommes d'Etat ; et l'on s'est dit de toutes parts : « L'exercice du pouvoir ne l'a pas corrompu. » Il est impossible de mieux attaquer le système ministériel que ne l'a fait M. de Vaublanc ; point d'aigreur, mais une hauteur de pensées qui convient naturellement aux hommes qui ont vu les affaires d'assez près pour pouvoir prononcer sur ceux qui les conduisent. Le public est loin de désapprouver qu'un orateur laisse apercevoir l'idée qu'il a de ses forces, pourvu que ce soit en traitant une question d'un intérêt général, et sans montrer aucune vue personnelle, aucune animosité qu'on puisse prendre pour le regret d'une situation perdue. A cet égard, M. de Vaublanc est si bien resté dans les convenances, qu'il étoit facile de voir que c'étoit sans calcul et sans efforts : aussi, MM. Siméon et Pasquier ont-ils mal réussi auprès de la Chambre, lorsqu'en soutenant le projet de loi, ils ont remonté jusqu'à la personne du rapporteur de la commission. En répliquant, M. de Vaublanc a obtenu un nouvel avantage ; il a fait sentir à ces Messieurs qu'il étoit au-dessus de l'ironie, et qu'il savoit s'en servir de manière à mettre de son côté les gens de goût et d'esprit. Lorsque les hommes rassemblés oublient un moment leurs passions, la justice se glisse parmi eux comme par surprise ; cette fois, la surprise a été complète ; et jamais assentiment n'a été plus général et plus sensiblement manifesté.

M. de Vaublanc a eu tort, à la fin de son discours, d'indiquer dans quel sens les ministres auroient pu concevoir une loi qui assureroit la liberté de la presse, en réprimant ses écarts et ses abus. La règle éternelle de l'opposition est d'attaquer les mauvaises propositions du ministère, sans se charger de rien mettre à la place ; les positions changent aussitôt qu'on agit autrement. Il n'est pas d'ailleurs prouvé pour tout le monde que la loi de 1819 soit insuffisante ; et si la discussion s'établissoit franchement sur les avantages ou les inconvéniens de renvoyer les délits de la presse aux cours royales, sans l'intervention du jury, je doute que les hommes impartiaux votassent pour ce projet. A cet égard, je serois de l'avis de M. de Serre, affirmant que la prolongation de la censure auroit moins de dangers, même sous les rapports constitutionnels. Pour manquer à la Charte, il ne faut jamais se servir des autorités qui ont besoin du respect public; il faut surtout éviter de mettre la justice dans les querelles des partis; elle y perd ses forces, et ne leur en donne pas.

Les délits qui naissent de l'expression de la pensée d'un écrivain ne peuvent être justement saisis que par la pensée publique, à moins que les choses ne soient poussées jusqu'à cette grossièreté qui n'est pas dans nos mœurs, et sur laquelle d'ailleurs les lois prononcent aussi clairement que sur les délits les plus matériels. Que le pouvoir ne manque pas à la société, et la société ne manquera jamais au pouvoir; cette règle est sans exception dans les pays libres. Si les ministres anglais s'étoient unis vingt-quatre heures aux radicaux, on ne trouveroit pas en Angleterre un jury pour condamner un seul radical; et ce ne seroit pas la faute de la nation. Partout où le ministère proscrira cette année les doctrines qu'il adoptera l'année suivante, sauf à en changer encore selon les circonstances; partout où le ministère jettera lui-même de l'incertitude sur les crimes et sur les vertus politiques; partout où le ministère accusera comme ennemis de la royauté ceux qui l'ont utilement servie, et comme factieux ceux qui défendent les libertés légales, il est certain que le jury ne voudra pas suivre les caprices ministériels. Seroit-il avantageux pour une nation de trouver des juges qui en fissent la base de leurs décisions?

« La loi de 1819, a dit M. Villèle, a été » débordée par la licence des journaux ; elle a » été vaincue ; elle ne peut plus servir. »

Il est difficile de juger plus lestement une loi. Si M. Villèle avoit voulu se reporter aux circonstances qui ont rendu cette loi si foible, il auroit vu qu'avec d'autres circonstances, on auroit pu la trouver trop forte. Cette loi a été vaincue momentanément, non par la licence des journaux, mais parce que le ministère, au désespoir d'avoir été contraint de reconnoître la liberté légale de la presse, a aidé lui-même à ce que le scandale s'élevât au-dessus de la loi, afin d'avoir un prétexte pour redemander l'arbitraire. A peine l'eut-il obtenu, qu'il sut bien ressusciter la loi; elle vit; elle frappe tous les jours. Les feuilles publiques ne contiennent plus que le narré des condamnations prononcées d'après les articles de cette loi.

Nous avons la manie de refaire tous les jugemens. S'ils absolvent, on crie contre les juges; s'ils condamnent, tout l'intérêt se porte sur les coupables; cela étoit à la mode en France dans un temps où on ne pensoit pas encore au jury. Les véritables moralistes savent qu'il n'est pas nécessaire que les tribunaux condamnent souvent, surtout dans les délits qui naissent des opinions, et qu'il suffit qu'ils condamnent quelquefois pour rappeler les esprits aux doctrines publiques de l'Etat. Il faut donc que les Etats aient des doctrines publiques pour justifier les condamnations; sans cela plus on les multiplieroit, et plus on augmenteroit l'irritation des esprits. Que le ministère répudie la loi de 1819, qu'il en fasse une autre, qu'il n'en fasse pas, le résultat sera le même, tant qu'on persistera à croire que, dans les délits produits par des opinions, l'efficacité de la loi est indépendante de l'adoption franche des doctrines du gouvernement établi.

Le nombre des journaux est fixé. Quand on sait combien il est difficile, dans ce genre, à une entreprise nouvelle de lutter contre les entreprises accomplies, on se rassure aisément sur la crainte de voir se multiplier les feuilles publiques, soumises d'ailleurs à un fort cautionnement. M. Josse-Beauvoir a dit à la tribune: « Chaque année, *dix mille jeunes gens*, après » avoir fait leurs humanités et leur cours de » droit, ne pouvant trouver assez de places, » *rédigent des articles de journaux.* » Quelle confiance peut-on accorder à un orateur qui ne vient pas de la Chine, et qui fait travailler, *chaque année*, dix mille jeunes gens aux journaux? On ne fait pas dix mille articles de journaux en dix ans, et probablement chaque rédacteur n'en fait pas qu'un, car ce seroit une pauvre ressource pour les jeunes gens qui veulent vivre de leur esprit en attendant une place. En réponse à la bizarre assertion de M. Josse-Beauvoir, je puis affirmer en toute connoissance de cause que, depuis l'ordonnance du 5 septembre 1816, on ne compteroit pas quatre jeunes gens ayant travaillé avec suite dans les journaux. La police s'emparoit de tous ceux qui avoient un peu de talent; elle les payoit, les corrompoit, et tout étoit fini.

Rien ne démontre mieux la fausseté du système suivi par le ministère que l'impuissance où il s'est toujours trouvé d'avoir un journal dominant, lorsqu'il a toutes les ressources de position pour le rendre plus intéressant que les autres en nouvelles, et plus d'argent disponible pour récompenser le travail, qu'aucun propriétaire. Si les ministres n'avoient pas la manie de faire un parti entre tous les partis, ils ne seroient pas réduits à craindre les journaux, à sacrifier chaque année, par frayeur, un principe de notre droit public. Dans un gouvernement représentatif où le pouvoir s'est engagé à avoir raison, comment peut-il espérer d'attirer à lui l'opinion, s'il ne sait pas mettre de son côté les talens, et s'il se contente d'y mettre les censeurs? Le génie de nos hommes d'Etat ne va pas plus loin; et ils se vantent!

Le projet du ministère a fait naître une question assez plaisante sur l'époque à laquelle il conviendroit de le discuter. Les habiles vouloient remettre la discussion après la clôture du budget, dans l'espérance assez probable qu'il ne resteroit pas à la Chambre le nombre de députés nécessaire à la fabrication d'une loi, et qu'ainsi la censure tomberoit d'elle-même, puisqu'elle finissoit de droit avec la session de 1820. C'étoit vouloir vaincre à la manière des Parthes, en fuyant.

Un député du centre s'est levé, et, d'une voix formidable, a protesté que la majorité res-

teroit à son poste, et qu'elle suffiroit. Pour voter la loi, cela est incontestable ; pour la discuter de manière à faire une certaine illusion,
le ministère lui-même auroit trouvé que c'étoit
bien peu. Enfin, on a décidé qu'on placeroit
le jugement de la liberté de la presse entre les
débats sur les dépenses et les débats sur les
recettes, afin que la France sût à la fois tout
ce qu'elle avoit à perdre.

Pour comprendre les incidens de cette discussion, il est nécessaire de connoître les diverses fractions du côté droit.

1°. Les circonspects qui ne veulent pas de
la liberté de la presse, parce qu'elle élève les
talens, et qu'elle nuit aux négociations secrètes ;

2°. Les invalides de 1815 qui ne veulent
pas de la liberté de la presse, parce qu'ils ne
se croient pas assez nombreux pour oser avoir
raison ;

3°. Les déserteurs de 1815 qui ne veulent
pas de la liberté de la presse, afin de conserver les avantages de leur position nouvelle et
l'honneur de leur position passée ;

4°. Les ministériels de tous les temps qui
ne veulent pas de la liberté de la presse, à
l'exemple des ministres de toutes les époques ;

5°. Les royalistes-constitutionnels voulant franchement la liberté de la presse par respect pour la Charte, et parce qu'ils se sentent assez de talens pour tuer l'esprit révolutionnaire par le moyen même qui a le plus contribué à le répandre.

Les royalistes-constitutionnels ont repoussé le projet du ministère sans s'inquiéter de ce qu'il mettroit à la place, sans s'embarrasser de ce que les ministres deviendroient, et bien persuadés que nos hommes d'Etat n'abandonneroient pas la partie, faute d'avoir obtenu la censure des journaux.

Les circonspects et les déserteurs de 1815, voyant à regret finir avec la session des alliances utiles, et voulant laisser une porte ouverte aux négociations, imaginèrent de *scinder* l'arbitraire, en accordant la censure aux ministres, mais seulement jusques et compris le troisième mois qui suivroit la convocation de la Chambre de 1821.

M. de Serre s'est épuisé pour combattre cet amendement. Il a voulu démontrer que le temps ne suffiroit pas pour combiner seulement le matériel de la loi ; ses efforts n'ont produit que des murmures. M. Cornet-Dincourt, qui entend à demi-mot et fait tout entendre de même, a déclaré que cette affaire n'étoit qu'une question de chiffres. « Si vous avez la » majorite l'année prochaine, a-t-il dit, elle » votera aussi bien des douzièmes provisoires » de censure, que des douzièmes provisoires » d'impôt. » Cela est clair : aussi l'amendement a-t-il passé. Le côté gauche y a beaucoup contribué ; ce qui ne l'a pas empêché de voter ensuite contre l'ensemble de la loi. Rien n'est plus parlementaire ; rien ne prouveroit davantage combien les partis formés dans une assemblée se doivent de ménagemens, puisqu'ils peuvent se servir réciproquement.

Il reste donc un prétexte honnête pour entamer de nouvelles négociations. Nous verrons encore, après les élections, les ennemis se rapprocher, les amis se brouiller, les promesses égaler les prétentions, et les plus vieux parmi les plus fins tromper pour la seconde fois les politiques novices qui ont la modestie de mettre leur capacité au-dessus de tous les principes comme de toutes les rivalités. Pour les invalides de 1815, ils resteront calmes et silencieux, jusqu'à ce qu'ils trouvent un chef qui s'engage à ne livrer le combat que quand ils seront les plus forts.

M. de la Bourdonnaye, en désespoir de

cause, a demandé que la censure expirât de droit immédiatement avant les élections ; cela n'étoit pas raisonnable. Censure et élections sont deux choses qui vont si bien ensemble ! Les journaux auront la permission d'annoncer les noms des élus, et de prouver que la majorité est royaliste. En faut-il davantage? La proposition de M. de la Bourdonnaye n'a point été accueillie.

A l'amendement qui montre la prévoyance des circonspects et des déserteurs de 1815, a succédé un autre amendement digne d'un homme qui n'a jamais prévu que les temps passés. M. de Bonald a demandé et obtenu que les journaux littéraires fussent soumis à la censure comme les journaux politiques. L'écrivain qui a imprimé que la littérature est l'expression de la société, aura terminé sa carrière par faire mettre la littérature dans le domaine de la police ! C'est ainsi que tombent sous nos yeux les talens qui se sont élevés en combattant la révolution, et qui sont trop vieux pour comprendre que l'état actuel de la société n'est pas le résultat de la révolution, mais d'un mouvement de civilisation si fort que la révolution même n'a pu l'arrêter. Cette année a été fatale à de grandes réputations en France et en Europe ; c'est qu'elles n'étoient plus nécessaires. Il s'en élevera d'autres selon les besoins de la société.

M. Méchin, dans cette discussion, a attaqué avec succès la malice naturelle au cœur humain. En citant les discours prononcés, dans la session de 1817, en faveur de la liberté de la presse, par les mêmes hommes qui la combattoient si vertement au mois de juillet 1821, il a produit un rire qui s'est communiqué dans toutes les parties de la salle. Quand on n'y est pas condamné, comment peut-on s'exposer à un pareil supplice? Et comment ose-t-on reprocher ensuite aux ministres d'avoir changé de langage avec les circonstances?

Les royalistes-constitutionnels, qui ont exprimé l'opinion de la France dans cette question, sont MM. de Vaublanc, Bertin-Deveaux, la Bourdonnaye, Donnadieu, Castelbajac, et M. Delalot qui, cette fois, a répondu complètement au désir général qu'on avoit de trouver en lui un orateur d'un talent aussi applicable aux affaires, qu'il est noble et brillant. Si M. Delalot se rappelle sans cesse que ses habitudes l'éloignent trop des partis pour qu'il puisse les connoître, et des intrigues pour qu'il puisse seulement les soupçonner, il laissera les

querelles se vider entre ceux qui ont l'intention
de profiter du triomphe, et ne parlera que sur
des objets d'un intérêt général. Moins il mettra
de passion en défendant ce qui est bien, en
combattant ce qui est faux, mieux il sera compris de cette partie de la France qui décide des
réputations et des partis, positivement parce
qu'elle n'est point passionnée.

CHAPITRE XXII.

Plusieurs petites Lois faites ou à faire.

LE même ministère qui a affirmé que le nombre des crimes diminuoit, a proposé d'augmenter le nombre des juges dans le département de la Seine ; cela ne paroît pas très-conséquent ; mais qu'importe ! Il ne restoit pas assez de députés pour voter cette loi ; mais, à force de supplications, de recherches, on est parvenu à en amener une quantité suffisante jusqu'au pied de l'urne où les boules expriment des volontés ; et la loi a passé. Mais le vote des sommes nécessaires pour acquitter les dépenses de la nouvelle salle de l'Opéra, n'a pu avoir lieu ; la majorité des députés étoit déjà en route. Les arts sont restés à l'arriéré. La fatalité les a poursuivis dans cette session. C'est contre les arts, les sciences, l'encouragement à toutes les industries que le rapporteur de la commission des dépenses a réservé tout ce qu'il avoit de sévérité. Je n'aime pas qu'on motive les économies de ce genre sur le danger de voir les esprits se livrer au désir de s'illustrer; mais j'aimerois beaucoup que le gouvernement cessât de payer ceux qui contribuent au charme de la société; elle en prendroit le soin elle-même. Ainsi finiroit le long scandale de la médiocrité pensionnée, et du mérite trop souvent délaissé. On parle beaucoup en France des fortunes que les talens se font en Angleterre: rien n'est plus simple; c'est une affaire qui se traite entre les talens et le public. Les Anglais trouvent bien que le gouvernement conduise les choses nécessaires; mais ils se chargent eux-mêmes de ce qui ne sert qu'à embellir la vie; les gendarmes, les ministres et les commis n'interviennent jamais dans leurs plaisirs; ce qui n'empêche pas de rebâtir les salles de spectacles quand il y a nécessité.

Un petit changement a été fait à l'organisation du jury, non pour qu'il fût indépendant, mais dans l'espoir de rendre les jurés plus disposés à prononcer de manière que les juges restent les maîtres de la décision. Comme cette modification tend à rendre les condamnations moins fréquentes, il faut louer le ministère de la proposition qu'il a faite. S'il a eu des intentions secrètes, la société peut les déconcerter. Qu'elle s'aide, et Dieu l'aidera. Si elle attend tout de l'administration, elle restera toujours entre les plaintes et les espérances.

Un grand système de navigation intérieure, réalisé par des emprunts conçus de manière que les travaux ne languissent jamais, et que le gouvernement et les prêteurs demeurent satisfaits dans l'intérêt public et particulier, est une idée qui autrefois auroit suffi pour illustrer une administration. Donnons des louanges au ministère pour avoir amené cette idée jusqu'à exécution ; mais ajoutons que les conditions qu'il a faites aux prêteurs sont onéreuses à la France, et qu'il étoit facile d'en trouver de moins coûteuses ; c'est un fait que M. Casimir Perrier a mis hors de discussion. Il est impossible de concevoir pourquoi le côté droit n'a pas voulu entendre raison dans une cause où l'esprit de parti n'avoit rien à faire ; le public veut que tout soit clairement débattu dans les questions où les écus sont derrière les paroles. M. Villèle s'est chargé à peu près seul de défendre les conditions acceptées par le ministère ; M. Pasquier est intervenu seulement pour remarquer que les débats ne rouloient que sur *une misérable question financière.* Il me semble que le ministère n'avoit pas soumis autre chose à la Chambre ; qu'il n'étoit pas venu lui deman-

der si elle avoit pour agréable qu'on fît des
canaux ; mais si son intention n'étoit pas qu'on
les fît au meilleur marché possible ; le meilleur
marché diminuant la somme des intérêts, et
avançant l'époque où le commerce jouira, sans
payer de droits, de communications plus faciles.
La misérable question financière a été décidée
très-légèrement; mais s'il y a perte d'un côté,
il y aura profit de l'autre; et les canaux resteront. C'est un nouvel engagement que le
pouvoir prend avec le crédit public, par conséquent une garantie de plus contre les exagé-
rations politiques. Il ne faut pas croire, comme
on le dit en France, qu'en Angleterre tout le
monde fasse le commerce; les conditions y sont
plus distinctes et les habitudes plus tranchantes
que chez nous; mais tout le monde s'intéresse
dans les grandes entreprises; et c'est le but vers
lequel nous marchons, même dans des voitures
armoiriées, s'il faut en croire les bruits de la
Bourse. On s'apercevra bientôt combien cela
aide à faire un ensemble assez raisonnable des
opinions les plus opposées.

Le projet de loi sur l'organisation municipale, l'exposé des motifs fait par M. le ministre
de l'intérieur, le discours prononcé par le rapporteur de la commission se sont perdus à

travers d'autres débats. On espère généralement qu'on ne les retrouvera pas. Le ministre appeloit municipales les affaires qui se traitent entre lui et les préfets ; on lui a fait remarquer qu'il se trompoit ; et une ordonnance du Roi a dernièrement prononcé sur cette partie du projet de loi. Une ordonnance suffisoit. Comme historien, suis-je obligé de consigner que M. Pardessus, dans le rapport qu'il a présenté au nom d'une commission toute royaliste, a cru devoir dire à la Chambre qu'une partie des membres de cette commission trouvoit qu'on ôtoit quelque chose au Roi quand on ne lui laissoit pas tout ce qu'a pris Buonaparte, et qu'il falloit conserver les municipalités comme il les avoit faites ? Que les royalistes de cette espèce s'affligent de ce que je vais dire, c'est la faute de la vérité et non la mienne ; mais le système Buonapartiste est dérangé dans tant d'autres parties, qu'il n'y a plus que les commis qui soient intéressés à la conservation de l'organisation municipale et départementale. C'est un soin bien étrange pour des royalistes que de travailler à la stabilité de la bureaucratie, lorsqu'ils avoient été appelés pour sauver la civilisation de l'Europe. Les grands esprits sont propres à tout.

Les amendemens proposés par la commission annonçoient une ignorance absolue du positif de l'administration; ce qui arrive assez souvent quand les légistes se font législateurs. On fera mieux une autre fois.

CHAPITRE XXIII.

Chambre des Pairs.

Des esprits mal faits pourroient s'imaginer que c'est à dessein que j'ai oublié la Chambre des Pairs, qui doit nécessairement tenir une place marquante dans l'histoire de toutes les sessions. Je dois donc déclarer que je n'ai entendu parler de la Chambre des Pairs qu'à l'occasion d'un procès sur lequel je n'ai rien à dire, et d'un amendement que j'ai pris grand soin de noter. Sur tout le reste, les choses ont sans doute été comme à l'ordinaire ; sans cela, le bruit en seroit parvenu jusqu'à moi. Ce ne sont pas les royalistes-constitutionnels qui voudroient diminuer l'ascendant de la Chambre des Pairs ; si ce projet a jamais été conçu, c'est aux extrêmes qu'il faudroit en chercher les approbateurs. Pour moi, j'ai toujours désiré que cette Chambre se plaçât dans l'opinion publique de manière à pouvoir être utile au besoin ; la force des pouvoirs ne dépendant pas tellement de la loi qui les crée, qu'ils puissent impunément négliger de s'établir dans les esprits.

J'ai souvent pensé que nos débats législatifs étoient conduits d'une manière toute désavantageuse à la Chambre des Pairs; mais je n'avois pas de motifs pour l'écrire. M. le prince de Talleyrand l'ayant dit, et la Chambre des Pairs l'ayant fait imprimer, je crois servir les lecteurs qui aiment à s'instruire en rapportant, du discours que M. de Talleyrand a prononcé contre la censure des journaux, la partie qui explique pourquoi une Chambre fait tant de bruit, et l'autre en fait si peu, qu'il faut souvent un effort de mémoire pour se rappeler qu'il y a deux Chambres.

MESSIEURS,

En me présentant à cette tribune, j'éprouve un sentiment pénible, c'est celui de la complète inutilité des paroles que je vais prononcer, et que, pourtant, je crois de mon devoir de faire entendre. Par une fatalité déplorable, et dont je veux bien, dans ce moment, ne pas rechercher les causes, les questions soumises en apparence à notre examen, sont déjà résolues, irrévocablement résolues : nous discutons comme si nos discussions étoient bonnes à quelque chose, et dans la réalité, nous ne sommes que les instrumens d'une impérieuse nécessité. On nous apporte des lois, des budgets, et nos contradicteurs naturels sont déjà sur les grandes routes ; leur absence devient pour nous une espèce d'ordre. La Chambre des Pairs, par la position dans laquelle on la met, ne sera bientôt plus qu'une cour d'enregistrement, qu'un vrai simulacre de la hiérarchie constitutionnelle. Il suit de là que ceux qui veulent absolument qu'il y ait en France une vraie Chambre des Pairs, que ceux qui la croient essentielle à la monarchie, la voyant exclue du présent, sont obligés de se réfugier dans l'avenir ; que, condamnés à l'impuissance de remédier à ce que l'on croit être le mal actuel, ils n'ont d'autres droits que de prophétiser, ce qu'il est si aisé de rendre ridicule, ou de donner des conseils que la légèreté dédaigne, et que la foiblesse repousse.

J'applique, Messieurs, ces considérations à la loi qui vous est soumise. Est-elle l'œuvre du ministère ? Non : car, d'une part, elle est plus bornée dans sa durée que la loi primitive, ce dont assurément je suis loin de me plaindre ; et de l'autre, elle embrasse dans ses gênes la littérature, les sciences, et les arts, qui, jusqu'alors, avoient échappé à l'action de la censure ; ce dont assurément je suis loin de me féliciter. Est-il certain que ces diverses modifications conviennent à la majorité de cette Chambre ? Peut-être que non : et cependant, qu'y pouvons-nous ? Sommes-nous libres d'amender à notre tour les amendemens de la toute-puissante Chambre des Députés ? Non, Messieurs ; et je le remarque, non pour accuser la Chambre des Députés, qui n'a fait qu'user très-constitutionnellement de ses droits constitutionnels; mais pour me plaindre de ce que la Chambre des Pairs se trouve dépouillée de tous les siens par des présentations tardives qui ne lui laissent ni le temps de délibérer, ni la puissance de résister.

Convaincu, comme je le suis, que le sort de la loi actuelle est décidé d'avance; qu'une discussion, quelque forte qu'elle soit, ne fera que d'inutiles efforts pour la rejeter, ou même pour atténuer ses effets, je me présente ici moins pour la combattre que pour l'empêcher de reparoître lorsqu'elle aura parcouru sa période légale : c'est dans l'intérêt de la session future, et non dans l'intérêt de la session présente, que je parle : je n'aspire point, Messieurs, à vous convaincre aujourd'hui : ce que je désire, c'est de préparer les esprits pour une discussion plus libre, plus approfondie, dans un meilleur avenir.

On voit, par ce discours, que la Chambre des Pairs jouit d'un grand avantage; on peut y parler cette année avec la certitude que les mêmes auditeurs se trouveront rassemblés l'année suivante, et avec l'espérance qu'ils se souviendront de ce qu'on leur a dit. Rien de cela ne se rencontre à la Chambre des Députés; ce qu'on y oublie le mieux, c'est ce qu'on a dit soi-même. C'est peut-être pourquoi on remet toujours nos libertés en discussion, et pourquoi on en décide tantôt d'une manière, tantôt d'une autre. Certes, il est étrange que la Chambre des Pairs, positivement parce qu'elle n'a pas le temps de se faire une opinion à elle, soit obligée d'être aussi variable que la Chambre des Députés qui se fait des opinions tout à son aise. Rien n'est simple dans ce monde ; c'est ce qui le rend si plaisant pour les observateurs. Si cependant les pairs vouloient !

CHAPITRE XXIV.

Clôture de la Session 1820.—Probabilités sur la Session de 1821.

Le 21 juillet 1821, une ordonnance a déclaré que la session de 1820 étoit et demeuroit close. On en étoit si fatigué que, depuis deux mois, on ne s'occupoit plus qu'à faire des conjectures sur la session suivante. En politique, les Français ne vivent guère que de ce qu'ils attendent ; sur tout le reste, ils s'en tiennent aux jouissances du moment ; c'est ainsi que le temps s'écoule d'un manière assez agréable, malgré les plaintes qu'on en fait de toutes parts : les douceurs de la vie privée dédommagent des mécomptes de la vie publique.

Lorsqu'on discutoit la nouvelle loi d'élection, et que M. Villèle affirmoit à la tribune que ce n'étoit pas dans l'intérêt des grands propriétaires qu'on désiroit qu'ils eussent plus d'influence, mais dans l'intérêt de *bons choix* , je me suis moqué de cette métaphysique. On n'a jamais fait des lois d'élection dans l'idée d'avoir de mauvais choix. Il s'agissoit d'établir que la grande propriété étoit plus propre à donner à la France de courageux défenseurs de ses intérêts que la propriété moyenne ; j'ai osé en douter ; et dès lors on m'a reproché d'abandonner les principes que j'avois toujours défendus. Je ne parlois pas des principes, mais des hommes ; et l'événement a prouvé qu'une majorité annoncée avec un enthousiasme général, n'avoit répondu en rien aux espérances qu'on avoit placées sur elle. Si j'avois dit d'avance pourquoi cela arriveroit ainsi, on ne m'auroit prêté aucune attention ; cependant je le savois alors aussi bien qu'aujourd'hui.

La haute propriété signifie que ceux qui la possèdent ont de véritables moyens d'être indépendans, et ne peut signifier que cela. Si, par suite des circonstances, les grands propriétaires ont pris l'habitude de faire leurs opinions politiques sous la direction d'une coterie ; si, dans chaque province, ils se groupent aux élections autour de quelques hommes titrés fraîchement arrivés de Paris pour les diriger, et qui ne savent pas seulement de quoi il s'agit ; si les élus, à peine débarqués dans la capitale, vont tous au même endroit demander s'ils doivent être modérés ou militans, actifs ou passifs ; s'ils vont prendre un nouveau mot d'ordre dans chaque circonstance nouvelle, il est incontestable qu'ils renoncent d'eux-mêmes à l'indépendance que laissoit supposer leur fortune calculée par la somme des impôts qu'ils paient. Dès lors, on ne doit plus s'étonner qu'ils soient nuls dans la décision des grands intérêts publics ; ce qui seroit étonnant, c'est qu'ils se donnassent la peine de les étudier, de se faire une opinion, lorsqu'ils savent où on leur en donnera une, et qu'ils sont décidés à la recevoir sans examen.

Comme tout doit avoir un nom, on appelle cela du dévouement. A qui ce dévouement a-t-il servi jusqu'ici ? Grâces au Ciel, personne n'en a eu sérieusement besoin ; et, si ce fatal besoin se présentoit jamais, les hommes de cœur ne devroient pas oublier cette vérité : Quand on sert de son épée, il faut recevoir l'ordre de celui qu'on reconnoît pour chef; mais quand on sert de son esprit, il ne faut prendre conseil que de soi-même. Les forces qui tiennent aux opinions n'agissent point par commandement, et ne peuvent jamais être dirigées que par des doctrines.

De l'obéissance que, par respect, on accorde dans les choses où la conscience et les lumières doivent seules prononcer, on passe trop faci-

lement à l'habitude de compter les hommes
pour tout, les principes pour rien ; c'est ainsi
qu'une masse imposante de royalistes a fini
par se placer à fonds perdus sur la tête de deux
députés, sans rien obtenir de ce que raisonnablement elle pouvoit vouloir, sans avoir conquis l'estime publique, et probablement sans
avoir mérité la reconnoissance des chefs qu'elle
s'étoit donnés.

« Le ministère, disois-je il y a un an, fait
» jouer en ce moment à l'aristocratie les der-
» nières prétentions qu'elle ose avouer, l'apti-
» tude à faire de bons choix. L'épreuve est
» dangereuse. »

L'épreuve a été complète. Les royalistes se
sont perdus dans l'opinion *comme parti*. C'est
un grand bonheur pour eux et pour la France ;
ce n'est pourtant pas le but auquel on tendoit.
Mais l'effet des lois qui s'adressent aux esprits
n'est pas dans les lois ; il est tout entier dans
les dispositions de la société.

Le parti libéral a reculé ; le parti royaliste a
déconcerté toutes les espérances ; le parti ministériel ne sera jamais plus qu'il n'a été. De
quelque manière que tournent les élections
prochaines, aucun parti n'a donc l'espoir de
dominer. Cette vérité est sentie même par ceux

qui ne se l'expliquent pas ; aussi remarque-
t-on, cette année, autant de calme à l'approche des élections qu'il y avoit d'agitation
l'année dernière. On a mis si peu d'intérêt à
connoître les députés qui sortent, qu'il est
permis d'affirmer qu'on ne mettra pas une
grande impatience à connoître les députés qui
doivent arriver.

On auroit tort de conclure que cette indifférence tient à la persuasion où l'on est que la
Chambre prochaine ressemblera à la Chambre
qui vient de finir. Le parti royaliste-constitutionnel s'y formera avec franchise ; il est le seul
qui n'ait point été battu, qui ne puisse pas
l'être ; c'est la France entière par goût, par
raison, par impossibilité de se faire une autre
existence. Ce parti ne paroîtra pas nombreux
d'abord, mais il sera fort parce que tous les
talens seront de son côté ; il triomphera dans
l'opinion aussitôt qu'il n'y aura plus le moindre
doute sur la sincérité des orateurs se dévouant
avec un égal courage au pouvoir et aux libertés publiques. Déjà les royalistes d'un certain
mérite, honteux d'avoir renversé leur bannière
sur laquelle ces mots étoient écrits, pour en
prendre une sans couleur et sans devise, reviennent hautement aux doctrines qui les

avoient élevés. Cette session a été un temps d'épreuve ; toutes les prévoyances et tous les sentimens politiques y ont donné leur mesure ; mais la France n'est pas sévère , elle n'ignore aucune des considérations par lesquelles elle justifieroit ce qu'elle n'a pas approuvé.

Parmi les députés qui sortent cette année, on compte quatre orateurs distingués par leur talent comme par les doctrines qu'ils professent, MM. Delalot, de Vaublanc, Castelbajac, Bertin-Deveaux. Le ministère ne les a pas mis au nombre des présidens de colléges électoraux ; il leur a préféré des députés silencieux. Preuve nouvelle que le ministère n'a pas aussi peur des libéraux qu'il affecte de le dire quelquefois ; et qu'il craint plus les royalistes indépendans qui le serrent de près, qu'il ne redoute de voir s'affoiblir le côté de la Chambre où on défend les véritables principes de la monarchie constitutionnelle. La même chose étoit arrivée l'année dernière pour M. de la Bourdonnaye. Oublié par le ministère , qui n'a jamais cru apparemment que, dans son alliance avec les royalistes, les orateurs chers à la France fussent compris, M. de la Bourdonnaye a été vengé par deux colléges électoraux. Cet exemple est d'un heureux augure. Les élec-

teurs prouveront sans doute qu'on a mauvaise grâce, en France, à tenter d'éloigner les
hommes qui ont de l'esprit et savent s'en servir. Qui donc mettroit-on à leur place ?

Les royalistes-constitutionnels, non seulement ne doivent pas se former en club, mais
ils ne peuvent trop se défier des coteries qui
s'établissent pour faire dominer telles ou telles
opinions ; il y a toujours quelque mystère dans
ces associations ; les circonspects sont derrière,
tout prêts à s'en déclarer protecteurs et directeurs, selon les occasions. Le triomphe des
doctrines favorables au pouvoir et aux libertés
ne peut jamais être une affaire d'intrigue dans
un pays qui en a fait la base de ses lois fondamentales ; c'est par la publicité seule qu'il faut
triompher.

Les Français ont été tant gouvernés, tant
administrés que, libres par leur esprit, leurs
mœurs, leur vanité, ils vont toujours quêtant
un maître. Les députés les plus mécontens de
MM. Corbières et Villèle ne se fâchoient pas
tant encore contre ces Messieurs, qu'ils ne se
dépitoient de ne trouver une autre personne qui
sût ou voulût les conduire. Ils cherchoient le
même inconvénient qu'ils repoussoient, mais
sous une autre domination.

Pour de véritables députés, il n'y a de chef
qu'à la tribune. Que les hommes d'une même

opinion se voient de préférence, qu'ils aient du plaisir à se trouver réunis, rien n'est plus naturel. Cela se fait sans calcul, sans société à la Piet, sans président, sans sonnette, sans discussion préparatoire d'autres discussions, en un mot sans répétitions comme s'il s'agissoit de monter un opéra. J'aimerois mieux une taverne comme en Angleterre, ou un cabaret selon l'usage de nos bons aïeux. Mais les maisons ouvertes entre gens qui s'estiment ne manquent pas à Paris ; et les royalistes-constitutionnels ne sont pas assez pauvres pour ne pas se recevoir. Je les crois fort riches au contraire, car ils sont indépendans.

Qu'ils ne se demandent jamais combien ils sont ; la foule n'ira que trop promptement à eux. J'ai trouvé jusqu'à six royalistes-constitutionnels dans la Chambre dernière, en comptant par les talens faits pour dominer. Cela est prodigieux. Je doute qu'il soit possible de compter un nombre égal de talens dans tout parti contraire ; et cela décide la question dans la Chambre. Hors de la Chambre, cette question n'a jamais été indécise. Que M. Villèle redevienne ou ne redevienne pas ministre, que ce soit M. Decazes, que ce soit un ou plusieurs autres, peu importe aux royalistes-constitutionnels : ils ne placent pas leurs forces dans les hommes, mais dans les doctrines du

gouvernement établi. C'est là qu'on est toujours sûr de rencontrer la France, et non
parmi ceux qui se disputent le pouvoir.

Cette France ne veut pas être humiliée. A
cent mille individus près, toutes les opinions
seront acquises au parti de la Chambre qui
établira que la révolution, dans ses actes, est
un assemblage de crimes et de contradictions ;
mais que l'état présent de la société n'est pas la
conséquence de la révolution, qu'il est la suite
irrésistible du mouvement de la civilisation,
et qu'il ne s'agit que de le régler. Toutes les
foiblesses d'autrefois, quand elles se coalise-
rofent, ne feroient pas reculer les forces
d'aujourd'hui. Il faut donc chercher, dans ces
forces mêmes, les moyens d'assurer la stabilité
de la monarchie ; c'est là qu'est le salut de
tous.

Les ministres ont fait durer huit mois la
session de 1820 ; ils feront courte la session
de 1821. Qu'ils se rassurent ; elle ne les ren-
versera pas, à moins d'événemens extraordinaires ; mais elle préparera leur retraite. Ils
auront rempli le rôle dont la Providence les
avoit chargés, en usant tous les partis sans
pouvoir établir le despotisme. Leur politique
italienne aura donné à la France une grande
leçon ; la France en profitera.

DISCOURS

DU ROI,

PRONONCÉ A LA SÉANCE ROYALE

DE LA CHAMBRE DES DÉPUTÉS,

LE 19 DÉCEMBRE 1820.

IMPRIMÉ PAR ORDRE DE LA CHAMBRE.

« MESSIEURS,

» Parvenus au terme d'une année marquée d'abord
» par les plus douleureux événemens, mais si féconde
» depuis en consolations et en espérances, nous de-
» vons, avant tout, rendre grâces à la divine Providence
» de ses nouveaux bienfaits.

» Le deuil étoit dans ma maison ; un fils a été ac-
» cordé à mes ardentes prières : la France, après avoir
» mêlé ses larmes aux miennes, a partagé ma joie et
» ma reconnoissance avec des transports que j'ai vive-
» ment ressentis.

» Le Tout-Puissant n'a pas encore borné là sa pro-
» tection : nous lui devons la continuation de la paix,
» cette source de toutes les prospérités. Le temps n'a
» fait que resserrer l'alliance dont la France fait partie.
» Cette alliance, en même temps qu'elle écarte les
» causes de guerre, doit rassurer contre les dangers

» auxquels l'ordre social ou l'équilibre politique pour-
» roient encore être exposés.

» Ces dangers s'éloignent chaque jour de nous;
» toutefois, je ne tairai pas, dans cette communica-
» tion solennelle avec mon peuple, les faits graves qui,
» durant le cours de l'année, ont affligé mon cœur.
» Heureux cependant de pouvoir dire que si l'Etat et
» ma famille ont été menacés par un complot trop
» voisin des désordres qui l'avoient précédé, il a été
» manifeste que la nation française, fidèle à son Roi,
» s'indigne à la seule pensée de se voir arracher à son
» sceptre paternel, et de devenir le jouet d'un reste
» d'esprit perturbateur qu'elle a hautement détesté.

» Aussi cet esprit n'a-t-il point arrêté le mouvement
» qui reporte la France aux jours de sa prospérité. A
» l'intérieur, des succès toujours croissans ont cou-
» ronné les efforts de cette activité laborieuse qui
» s'applique également à l'agriculture, aux arts et à
» l'industrie.

» L'amélioration des revenus de l'Etat, les économies
» que j'ai prescrites, et la solidité éprouvée du crédit,
» permettent de vous proposer, dans cette session
» même, une nouvelle diminution des impôts que
» supportent directement les contribuables. Cet allé-
» gement sera d'autant plus efficace, qu'il produira
» une répartition plus égale des charges publiques.

» De tels succès me rendent plus chers les devoirs
» que la royauté m'impose.

» Perfectionner le mouvement des grands corps
» politiques créés par la Charte, mettre les différentes

» parties de l'administration en harmonie avec cette
» loi fondamentale, inspirer une confiance générale
» dans la stabilité du trône et dans l'inflexibilité des
» lois qui protègent les intérêts de tous, tel est le but
» de mes efforts. Pour l'atteindre, deux conditions
» sont nécessaires, le temps et le repos. Nous ne devons
» pas demander à des institutions naissantes ce qu'on
» ne peut attendre que de leur entier développement et
» des mœurs qu'elles sont destinées à former. Jusque
» là, sachons reconnoître que dans les affaires pu-
» bliques, la patience et la modération sont aussi des
» puissances, et celles de toutes qui trompent le moins.
» Ne perdons pas de vue qu'il seroit impossible au
» gouvernement de maintenir l'ordre, cette première
» garantie de la liberté, s'il n'étoit armé d'une force
» proportionnée aux difficultés au milieu desquelles il
» se trouve placé.

» Tout annonce que les modifications apportées à
» notre système électoral produiront les avantages
» que je m'en étois promis. Ce qui accroît la force et
» l'indépendance des Chambres ajoute à l'autorité et à
» la dignité de ma couronne. Cette session achèvera,
» je l'espère, l'ouvrage heureusement commencé par
» la session dernière. En affermissant les rapports né-
» cessaires entre le monarque et les Chambres, nous
» parviendrons à fonder le système de gouvernement
» qu'exigeroit dans tous les temps une aussi vaste mo-
» narchie, que commande plus impérieusement encore
» l'état actuel de la France et de l'Europe.

» C'est pour accomplir ces desseins que je désire

» voir se prolonger les jours qui peuvent m'être encore
» réservés ; c'est aussi pour les accomplir que nous
» devons compter, vous, Messieurs, sur ma ferme et
» inviolable volonté, et moi, sur votre loyal et constant
» appui. »

Adresse de la Chambre des Pairs, du 28 décembre 1820.

« SIRE,

» Vos fidèles sujets les Pairs de France viennent
porter au pied du trône de Votre Majesté l'hommage
de leur respect, de leur amour et de leur dévouement.

» Ils ont ressenti toutes vos douleurs. Ils partagent
toutes vos consolations. Le deuil de votre Maison s'est
répandu sur la France entière, et le jour de votre
bonheur est devenu pour elle une fête publique.

» La Providence, depuis neuf siècles, semble veiller
particulièrement sur ce trône auguste, et se réserver,
quand il lui plaît, le soin d'en réparer les ruines. Ce
n'est pas la première fois que par un bienfait miraculeux,
elle a perpétué la race d'Henri IV et de Louis XIV :
mais son action ne fut jamais si visible. Près du cercueil
où nous pleurions un prince qui fut si grand à son lit
de mort, elle place le berceau d'un enfant royal dont
la naissance a manifesté les héroïques vertus de sa mère.

» Cet enfant que le Ciel nous donne, et qu'il forma
d'un sang si généreux, croîtra sous vos regards, au
milieu de nos bénédictions, pour la gloire de la France
et la prospérité de nos descendans.

» La paix intérieure et nos relations amicales avec les diverses puissances sont de nouveaux motifs d'espérance et de sécurité. L'Europe nous voit tranquilles après tant d'orages : et ce qui honore la France, c'est que tout fut libre et dans le don que vous nous avez fait de la Charte constitutionnelle, et dans le serment que lui a prêté la nation reconnoissante.

» Le temps dont il ne faut ni précipiter ni contrarier la marche, le temps nous attachera de plus en plus à nos institutions nouvelles en développant tous leurs bienfaits.

» Déjà, suivant les propres paroles de Votre Majesté, *tout fait espérer que les modifications apportées au système électoral produiront les avantages qu'Elle s'étoit promis.*

» La véritable opinion des Français est connue ; elle rassemble autour de vous un plus grand nombre de ses représentans et de ses interprètes. Le zèle éprouvé des Chambres soutiendra constamment les prérogatives du trône en défendant les libertés nationales.

» L'esprit public recevra tous les jours des directions plus sûres et conformes à ce principe monarchique, premier élément de notre constitution. Nos mœurs se mettront d'accord avec nos lois ; leur double influence effacera les derniers vestiges de l'anarchie. Un gouvernement ferme, et qui protége avec une égale impartialité les droits et les intérêts de tous, ne craint point les séditieux ni leurs projets insensés. La nation, qui veut l'ordre et le repos, sait bien qu'elle ne peut les trouver que sous le sceptre de son Roi légitime.

La puissance du trône appuyée sur le dévouement des sujets ne fut jamais plus manifeste.

» Sire, la Chambre des Pairs sera fidèle aux principes que professe et que recommande Votre Majesté. Elle prendra pour guide, en tout temps, cette modération si nécessaire après de grandes secousses politiques. La modération affermit le pouvoir et l'environne d'hommages quand elle est un sage emploi de la force.

» C'est en suivant ce système invariable, que nous verrons s'accroître encore l'état prospère du crédit, des arts, de l'industrie et de l'agriculture.

» Nous recevons avec joie l'assurance que les charges publiques seront diminuées. Celles qui pèsent directement sur les contribuables devoient arrêter vos premiers regards. L'inégale répartition de l'impôt territorial en augmente le poids, et Votre Majesté veut aussi réformer cet abus. Un plus juste partage dans la quotité de cet impôt n'est pas moins désirable que la diminution de l'impôt lui-même.

» Sire, les dernières paroles de Votre Majesté nous ont profondément émus. Elle ne désire de plus longs jours que pour mieux assurer notre bonheur. Sire, ce vœu touchant est dans le cœur de tous les Français. Le Ciel daignera l'exaucer. Puissions-nous voir nos institutions s'affermir et se développer sous la main de leur auguste fondateur! Puissions-nous jouir long-temps sous votre autorité paternelle des biens qu'elle nous a faits et de ceux qu'elle nous prépare encore! »

Adresse de la Chambre des Députés, du 1er janvier 1820.

« SIRE,

» C'est avec un sentiment toujours nouveau d'amour et de reconnoissance, que vos fidèles sujets les députés des départemens viennent porter au pied du trône l'hommage de leur dévouement et de leur respect.

» Ils ont partagé la vive émotion dont V. M. n'a pu se défendre en retraçant les douleurs qui ont déchiré son cœur paternel, et les bienfaits de la Providence qui, à tant de regrets, ont fait succéder tant d'espérances.

» Sire, le deuil étoit dans votre maison, la consternation dans tout le royaume. Un fils est accordé à vos prières, à nos supplications et à nos larmes. Consolée par le miracle de sa naissance, la France compte avec orgueil, dans la famille de ses Rois, un nouveau rejeton de saint Louis, une autre Blanche de Castille.

» Au milieu des transports d'allégresse excités par ce mémorable événement, des dangers menacent la patrie; V. M. annonce à son peuple ce que de graves circonstances exigeoient de son amour. La France a répondu à ce noble appel. Quel coup pourroit désormais abattre une nation où le peuple trouve toujours dans la magnanimité de son Roi le gage de son salut, et le Roi, dans le dévouement et dans la confiance de ses peuples, la mesure de sa force.

» Si le temps n'a fait que resserrer entre V. M. et les souverains, cette heureuse union qui nous rendit

la paix et releva les antiques bases de notre ordre social,
vos peuples reconnoissans n'oublieront pas qu'ils
doivent à votre sagesse la continuation de ce bienfait.

» En vain des perturbateurs essaieroient-ils encore de
troubler par des projets impies votre bonheur et notre
sécurité. La France qui détesta hautement leurs doctrines et leurs complots, s'armeroit tout entière pour
défendre le trône légitime, et régleroit sur le langage
de V. M., ses vœux et ses devoirs.

» Déjà, sous le sceptre paternel qu'elle chérit, nos
destinées redevenues prospères nous promettent un avenir qui trompa long-temps nos efforts. L'industrie se per-
fectionne ; le commerce renaissant cherche à se frayer
de nouvelles routes ; l'agriculture fleurit, et les arts
encouragés nous enrichissent d'utiles découvertes, et
consacrent tour à tour nos plus glorieux et nos plus
touchans souvenirs.

» Sire, nous recueillons dès aujourd'hui le fruit de
la sagesse et de la persévérance de V. M. Elle a su se
garantir des premiers mouvemens de sa tendresse pour
son peuple ; et la diminution des impôts qu'elle nous
annonce a été l'effet naturel et progressif de l'amélioration des revenus de l'État, des économies que vous
avez prescrites et de la solidité du crédit public. Ainsi
le soulagement est sorti du sein de l'ordre, et donne
à V. M. de nouveaux moyens de l'affermir.

» Et quels biens la France ne doit-elle pas encore
attendre de la volonté ferme et invariable de son Roi
et de l'appui loyal et constant des Chambres !

» Fortifier l'autorité de la religion sur l'esprit des

peuples, épurer les mœurs par un système d'éducation chrétienne et monarchiqne, relever l'éclat et la dignité des corps dépositaires des lois, donner à la force publique cette sage organisation qui assure la tranquillité au dedans et la paix au dehors, diviser l'action administrative sans nuire à l'unité du pouvoir, perfectionner toutes les institutions qui dérivent de la Charte et qui doivent protéger nos libertés ; telles sont les intentions bien connues de V. M., tels sont aussi nos devoirs ; et c'est ainsi que la France donnera au monde les hautes leçons que, pour emprunter les paroles de V. M., *elle lui a malheureusement rendues nécessaires.*

» Ces améliorations importantes, Sire, nous les poursuivrons avec la modération compagne de la force ; nous les obtiendrons par la patience, qui n'est que l'art d'attendre le progrès naturel du bien qu'on a déjà fait.

» Puisse le Ciel, mesurant le cours de vos années aux vœux et aux besoins de vos peuples, faire luire enfin dans tout leur éclat, sur la France et sur votre auguste famille, les jours tranquilles et sereins que nous présage la naissance du nouvel héritier du trône ! »

FIN.

TABLE DES CHAPITRES.

Pages.